Elektra Haxhia Çapaliku

BUKË E KRYPË E ZEMËR

*Receta gatimi
dhe shënime të tjera
nga Shkodra*

RLBOOKS

BOTIMET
FISHTA

redaktor: Mirgjina Lekaj
kujdesi grafik: Gjergj Spathari

ISBN 978-9928-329-10-3

Për botimin e këtij libri, kontribuoi edhe Instituti i Integrimit të Ish të Përndjekurve Politikë.

Tiranë, 2020

Printed and distributed by RL Books,
part of "Revista Letrare"
www.revistaletrare.com
info@revistaletrare.com

Në kopertinën e parë:
Lizeta Melgushi e Rexhep Jella me shoqni.
Foto: K. Marubi, 13.6.1932

Në kopertinën e fundit:
Menu e dasmës së gjyshit, 1918

Hyrje

Të shkruash për kuzhinën dhe traditat e tjera qytetare të Shkodrës, do të thotë të marrësh përsipër riskun e humbjes në diversitetin e madh që ka pasur dhe ka ky kryeqytet kulturor. Kjo laryshi e madhe, më së pari e ka burimin te pozita gjeografike e qytetit. Por po t'i shtosh maleve, detit, fushave, lumenjve e liqenit edhe historitë e pushtimeve, sundimeve dhe marrëdhënieve tregtare, atëhere situata bëhet e jashtëzakonshme. Strukturat sociale, kulturore dhe fetare, mbylljet dhe hapjet, asimilimet kulturore e të tjera si këto, kanë pasur një ndikim të madh edhe në kulinari. Është krijuar kësisoj një traditë e fortë, e përcjellë lirisht nga njëri brez tek tjetri.

Ideja për të shkruar një libër të tillë, më ka ardhur nga burime në dukje të ndryshme. I pari, ka lidhje me një pozicion të pakëndshëm, në të cilin gjenden rëndom shqiptarët kur pyeten se cila është kuzhina e tyre tradicionale. I dyti, ka të bëjë me rastësinë e leximit të dy numrave të revistës "Shêjzat" (Le Pleiadi) drejtuar nga shkrimtari i famshëm Ernest Koliqi në Romë, ku boton "Gjellë e âmbëlsina të vendit t'onë"[1],

---

1   Koliqi, Ernest. *Gjellë e ambëlsina të vendit t'onë*, rev. *Shêjzat*, Romë 1972, nr.1-4, f. 62-63. Disa receta të marra nga revista "Shêjzat", janë përcjellë në libër, në të dy variantet gjuhësore, në variantin origjinal, për t'i shijuar më shumë, si dhe në gjuhën e sotme shqipe, për të lehtësuar komunikimin me lexuesit e sotëm.

një koleksion recetash gatimi të rajonit të Shkodrës, që duhet të jenë përdorë andej nga fundi i shekullit të XIX. Në parathënien që Koliqi i bën botimit, vihet në dukje se recetat janë dëshmi autentike, në mos e kuzhinës tipike shkodrane, të paktën e mënyrës sesi janë ushqyer aso kohe në Shkodër. Ai tregon për një dorëshkrim të ofruar nga një murgeshë shqiptare në Itali, që në vitin 1964. Në atë dorëshkrim gjendeshin disa receta në gjuhën shqipe, që murgesha e moçme i kishte trashëguar nga të parët e saj.[2] Kështu, pata botuar më 2002, librin "Në tavolinë me Koliqin"[3].

Me kalimin e viteve, ndjeva nevojën që ta pasuroj më shumë këtë botim timin. Kësaj here, një shtysë po aq e fortë sa ç'ishin dikur recetat e Koliqit, u bë shfletimi i librave të shkodranëve të mirënjohur Simon Rrota[4] dhe Hamdi Bushati[5], si dhe kontributi i profesor Dhimitër Dhorës me studimin e tij për liqenin e Shkodrës.[6]

Por, nuk mund të lë pa përmendur faktin se, interesimi im ndaj kulinarisë, mënyrës së të ushqyerit dhe traditave në këtë fushë, ka qenë mjaft i hershëm dhe lidhet me shtëpinë ku jam rritur, me hallat e mia. Ato ia kishin dalë që në ato kohë uniformiteti, të krijonin një oaz, nëpërmjet kuzhinës atipike.

---

2   "… po Ju dërgoj nji tefterë qi kam kopju unë prej t'afërmvet me mënyra si me bâ gjellë e gjithashtu disâ fletë të zgjidhme, shkrue prej nânës s'ême kur ishte e rê për me bâ âmbëlsina…" Shih: Koliqi, Ernest. *Gjellë e ambëlsina të vendit t'onë*, rev. *Shêjzat*, Romë 1972, nr.1-4, f. 62-63

3   Çapaliku, Elektra. *"Në tavolinë me Koliqin"*, Shb. *Toena*, Tiranë, 2002

4   Rrota, Simon. *Po shkruej për vedi e Shkodrën*, Shb. *Fishta*, Lezhë, 2018

5   Bushati, Hamdi. *Shkodra dhe motet*, vëll.I, II, Shkodër 1998, '99.

6   Dhora, Dhimitër. *Liqeni i Shkodrës*, Sh.b. *Camaj-Pipa*, Shkodër, 2005

4

Ndaj e rritur mes një kuzhine aspak tradicionale, kam qenë gjithmonë kurioze për të provuar gatimet karakteristike të qytetit tim, që më së shumti i shijoja tek gjyshja nga nëna dhe të afërm të tjerë. Ky dualizëm dhe larmi gatimesh, ka formësuar brenda meje dëshirën për të qenë gjithmonë e ndjeshme rreth kësaj teme. Prandaj, veç recetave tradicionale, në fund të librit kam rezervuar edhe një kapitull me disa nga recetat e hallave, si një falënderim i vonuar, për gjithë sa ata arritën të formësonin brenda meje, përmes artit të tyre të gatimit dhe jo vetëm.

Siç mund ta vini re gjatë leximit, një pjesë e recetave, mund të mos jenë autentike, por ndër vite, ato janë bërë pjesë organike e kuzhinës shkodrane si rrjedhojë e bashkëjetesës me komunitete e kombësi të tjera, të ardhur ndër shekuj në Shkodër. Gjithashtu, në familje të ndryshme, e njëjta recetë, në varësi të kulturës së gatimit, kushteve ekonomike dhe kalimit gojë më gojë nga një brez tek tjetri, ka pësuar ndryshime në sasinë e përbërësve dhe erëzat që përdoren.

Prandaj, ju ftoj ta lexoni këtë libër, më shumë si dëshmi të një kulture të përditshme, sesa si libër gatimi. Për këtë qëllim, në botim janë përfshirë edhe përshkrime të pazarit, mjediseve të gatimit, zakoneve e dokeve, festave dhe dasmave, si dhe këngë karakteristike për ushqimin. Po kështu, gjatë shfletimit do ndesheni me poezi, foto, proverba për ushqimin dhe shënime të tjera të kohës, që mund t'ju ndihmojnë për ta ndërtuar sa më mirë atmosferën në të cilën është kultivuar kjo kuzhinë.

Së fundmi, duke marrë shkas nga sa flitet rreth "antropologjisë së ushqimit", ky libër është një përpjekje për të hapur një dritare më shumë mbi kulturën e të jetuarit përmes ushqimit autentik. Një koleksion i tillë i recetave të kësaj zone, shpresoj të nxitë krijimin e një marrëdhënie të shëndetshme mes territorit dhe kontekstit zakonor të përdorimit të lëndëve të para, si dhe mbrojtjes së varieteteve që bujarisht na i ofron ky territor i begatë. Përçimi i këtyre traditave ndër brezat e ardhshëm, uroj të kontribuojë në pasurinë kulturore të rajonit tonë dhe zhvillimin e një turizmi kulinar me shije e aromë Shkodre.

Me shumë mirënjohje, gjej rastin të falënderoj mamën time Anën, të afërmit T. Radovani, Gj. Dardeli, H. Haxhia, miket e mamës K. Sotiri, M. Djepaxhia, K. Vukatana, miket e mia D. Muleshku, M. Zaja, E. Kopliku, E. Jera, J. Cepi, I. Negri, E. Daberdaku, A. Kraja, A. Shurdha, Z. Vasa dhe nënat e tyre, si dhe shumë qytetarë të tjerë të Shkodrës, që gjatë punës për përgatitjen e këtij libri, më janë ofruar bujarisht me recetat e vjetra të gatimit dhe me mjaft dëshmi nga doket e zakonet, të mbajtura gjallë me kujdes të madh në këto kohë të një globalizimi të vrullshëm.

rit. urërin, ei duhet me htën mâ shumë
urie se grose e krep e beber, e jo me htën
hoz por maa fort trase.

30. — Paciarnur me voi.

Me pree bukën zopa zopa t'vogla e me
eu n'ue me krep e beber e n grost t'êmnf
me eif bojeghe voi e me lâu me
eu shumë, se sad mâ shumë t'êu
e maa e mur âsht, e me lâu trase.

31. — Jeprah me lahud t'barza.

Me shop gjos shilih mire lopet n'cose
e 10 centesimi maine lopet e me shop
ene htene me 20 centesimi prak-zzint
e 2 cish, mei pree hoz e maldanot meff,
krsp, beber e gjos filgianit câfet me urie
e me herru fort. Me eu m gui enshu
me eu gui hros o des lahnet t'barz e

---

7   Faksimile të recetave të japrakut dhe tespixhes. Shih: Koliqi, Ernest. *Gjellë e ambëlsina të vendit t'onë*, rev. *Shêjzat*, Romë 1972, nr.1-4, f. 68, f.75

Tespije me tamel   no

Pagina 1/

Per tepru vvoglel duhet gni cereti chite
vlsir e het tlsiri mapar me vue me sehrë
e manei me mrat me gni tas e me het
mas tleruit me mat eze gni tas e giss
tarnel e mei vue me vlue basch tlsrun
me pah ersp e tamliri e masi ti vlam mar
fek prei ciermit e mei cit giss chitii
niij ghruni i tidsti e tss ghrue ce ta hvegel
me niij rafarnoeid por mapar mujin
e cavarnoet duhet me sit me gni së
thof e manei me vue n'ciernir e me
cavertis pah e manei me seprac ntfó
me gnesc gnapah me Qor e manei
me setrii ni tël tepsii ci tjen tan
barabar e manei me free nie pfih, e me
birue me piriue giff fopat e me vue
me piet n'feer. Abasi tjen pich me
vue me cii scicirin me ri, por scicirin
me mat tiir ci aich mat tlsir e me

75

Rreth kuzhinës

Pasuria e madhe e recetave të gatimit në Shkodër, nuk mund të kuptohet pa ekzistencën e Pazarit. Tregtimi i produkteve të shumëllojshme bujqësore dhe blegtorale, të prodhuara në zonën e Mbi dhe Nën Shkodrës, si dhe tregtia e peshkut që zihej në liqen e lumenjtë përreth, zhvillohej nëpër sheshet e rrugicat e shumta të Pazarit, pranë të cilit ndodhej edhe moloja ku ankoroheshin anijet.

"Pazari ka qenë i ndërtuem në jug, ma se 1 km larg qendrës së qytetit, përfund kodrave dhe kështjellës "Rozafat", mbi një rrafshinë që shtrihet deri në breg të lumit Bunë, nëpërmjet të cilit lidhej me linjat detare tregtare të botës së jashtme. Ky Pazar, dikur qé tregu, pothuej, i gjithë Rumelisë. Dyqanet e pazarit me 40 sokaqet kanë qenë të planifikueme në bazë të profesioneve dhe tregtive që ushtroheshin. Në Pazarin e Shkodrës nuk ka pasë shtëpi banimi. Në përiudhën osmane Pazari ka pasë ma tepër se 1000 dyqane. Kryepazari ishte Sokaku ma i parë e përmblidhte disa mjeshtri. Tue u nisë prej Kryepazarit shkohet direkt në "Sqelë"[8], e cila qysh në kohën e sundimit venecian ishte liman, tue qenë se në atë kohë Buna ishte e lundrueshme. Tue shkue në qendër të Pazarit,

---

8   Porti

asht Bexhisteni[9], dmth pazari ku ruhen mallnat e çmueshme. Ky asht ndërtue në vitet 1807-1810 prej Vezirit të Shkodrës"[10]. Ndër sokaqet e shumtë të pazarit mund të përmendim "Teqen e bagëtive", pastaj "Kasaphanen" me mbi 100 dyqane, "Sokakun e pemëshitësve e kosaxhive", ku reklamoheshin frutat e njoma ose të thata, simbas stinës. Në këtë sokak ka pasë edhe dyqane për shitje kosi, djathi e qumështi. Pastaj vinte "Sokaku i elbnave" ku shitej elbi, tërshëra etj., "Sokaku i drithnave" që populli e quante, "Lama e bereqetit", "Sokaku i miellnave", "Sokaku i oriznave", "Sokaku i djathnave", ku shitej edhe vaj ulliri, mjaltë, etj. Ditët e tregut të madh në Pazar ishin e mërkura dhe e shtuna.

Kësisoj jeta qytetare kishte dy gravitete, pazarin për burrat dhe shtëpinë për gratë dhe fëmijët. Hamdi Bushati e përshkruan mjaft bukur këtë ecejake: "Burrat si pinin kafen e mëngjezit, ishte zakon dimnit, me hanger një terhan të ngrohtë ose ndonjë pulendër apo kryelarë, ndërsa verës hanin simita me djathë e me qumësht. Mandej burrat dilnin në Pazar. Gratë përgjithësisht nuk përgatisnin gjellë për drekë, derisa meshkujt qëndronin gjithë ditën në Pazar ose në punë. Gratë vetë hanin një drekë të thjeshtë: bukë e djathë, bukë e kos, ndonjë vezë të fërgueme etj. Në dimër, nga ora 3 mbas dreke e në verë, nga ora 6, nisnin të përgatisnin gjellën e mbramjes. Si kryenin këto punë, laheshin e ndërroheshin për me pritë burrat kur ngjiteshin prej pazarit. Këtë zakon e kishin si katolikët edhe myslimanët"[11]. Burrat që i

---

9   Nga persishtja: bedistan, bedestan.

10   Bushati, Hamdi. *Shkodra dhe motet,* vëll.I, Shkodër, 1998, f. 226

11   Po aty, f. 226.

kishin dyqanet në qytet, ktheheshin në shtëpi rreth orës 12 të drekës. Gratë, u vinin përpara një gotë raki të shoqëruar me meze, derisa shtrohej dreka me gjellën e sapo përgatitur.

Shtëpia dhe miku janë dy binome që kanë shoqëruar gjithmonë jetën në familjet shqiptare. Për mikun caktohej kryet e vendit në sofër, gatuhej ushqimi më i zgjedhur dhe ndahej hisja më e mirë e ushqimit të përgatitur. "Mikun atëherë, ishte për marre të madhe me e thirrë për misditë (drekë), por me bujtë (për darkë e me kalue natën e me fjetë) aty ku ishte i grishun. Ma tepër, arsyeja e të thirrunit në mbramje ishte se burrat e djêmtë e rritun, ditën e kalojshin në Pazar për punë, e vetëm mbramja ishte koha e lirë për ta e prandej dëshirojshin me kalue kohën me mikun tue bisedue çështje burrash, tregtijet, trimnijet etj. Gratë përgatitshin hênat për sofër e nuk merrshin pjesë në atë shoqni, ndërsa, në kjoftë se i ftuemi ishte njeri i njoftun a mik i ngushtë, atëherë merrshin pjesë të gjithë anëtarët e familjes"[12]

Tradicionalisht, hapësira e caktuar për gatim zinte vend të rëndësishëm në banesën qytetare. "Kuzhina e atëhershme, ishte me votër për tokë e për rreth saj rrijshin pjestarët e familjes. Në krye të vendit rrinte i zoti i shpisë. Jeta pranë votrës, sidomos në dimën u bante e kandshme, sidomos kur kishte pleq e plaka, tue pjekë kshteja në prush të zjarmit, i tregojshin fëmijve prralla e ndodhina të vjetra. Zjarmi i madh me trupa të trashë bashkë me qymyr, ishte ma poetik, të ftoftit e fortë, i bante gjinden me u strukë e secili kërkonte pak vend me u nxe. Ishte i interesantshëm vargoni i hekurt, i varun në trena. Kuzhinat e atëherëshme

____

12   Rrota, Simon. *Po shkruej për vedi e Shkodrën*, Shb. *Fishta*, Lezhë, 2018, f.65

kanë kenë pa tavan. Vargoni zbriste poshtë deri mbi zjarm, në fund të tij kishte një çengel në të cilin ishte i varun gjygymi i bakrit me dorezë, për ujë të nxehtë, ose kusija e gjellës për drekë e, anash zjarmit në prush, u vejshin edhe vekshat që përdoreshin me zi gjellën, veçanërisht groshë, japrak, etj"[13].

Edhe për kuzhinën, ashtu si për veshjet, ka funksionuar alternativa "alla turka" apo "alla frënga". "Sofrat ishin dërrasa të lëmuta, të rrumbullakta, me diametër rreth 1 m, me katër kambë të ulta, rreth 20-30 cm., qi aso kohe u përdorshin në të gjitha shpijat, për me mbështetë bukën e gjellnat, në vend të tavolinës. Këto sofra u përdorshin edhe për me hollue petët për të gjitha llojet e ambelsinave, bakllava, pite etj"[14]. Kalimi nga sofra te tavolina ka qenë një revolución i madh, ndodhur me gjasë mbas Luftës së Parë Botërore.[15] Por, siç me tregon edhe ime më, sofra vazhdoi të përdorej gjatë, përkrah tavolinës, sidomos në dimër kur ndizej edhe vatra. Zëvendësimi i vatrës me sobën me dru, bëri që edhe tavolina të fitonte terren mbi sofrën. Megjithatë, unë në fëmijërinë time (fillim i viteve '70), kujtoj familje që e përdornin akoma sofrën në jetën e përditshme dhe në dasma. Në këto raste, në dhomë shtrohej sofra për gratë e afërta të fisit dhe fëmijët, me sinitë plot me gatime, ndërsa jashtë në oborr, shtroheshin tavolinat për të ftuarit e tjerë.

---

13   Rrota, Simon. *Po shkruej për vedi e Shkodrën*, Shb. *Fishta*, Lezhë, 2018, f.47

14   Po aty, f.79

15   "Kur mbaroi Lufta e Parë Botnore, ushtrija austriake la shtretën e tavolina ndër shpija të popullit e kështu me këtë rasë filluen me pëlqye me fjetë ndër shtretën e ma vonë me hangër në tavolinë". Shih: Rrota, Simon. *Po shkruej për vedi e Shkodrën*, Shb. *Fishta*, Lezhë, 2018, f.170

Në Shkodër, shpesh ndeshim me disa fjalë që kanë lidhje me ushqimin dhe përdoren rëndom në fjalorin qytetas. P.sh. fjala "harxh", që akoma përdoret sot nga brezi më i vjetër, ka dy kuptime të ndryshme. Në njërin rast, përdoret në kuptimin e të bërit pazar, p.sh, po shkoj të marr apo të blej harxhin, ku përfshihen artikuj ushqimorë si mielli, orizi, sheqeri, vaji, makaronat. Në rastin e dytë, kjo fjalë merr kuptimin e gjithë përbërësve të një recete që duhen për përgatitjen e një gjelle apo ëmbëlsire, si p.sh: harxhet për japrakun, harxhi për tespixhen, etj. Në këtë kuptim, kjo fjalë gjente vend edhe në shprehjet si: "E mirë duhet të ketë dalë gjella, se të gjitha harxhet i ka brenda", ose "E bukur nuk ka dalë ëmbëlsira, por e shijshme është, se të gjitha harxhet i ka brenda". "Nuk kishte si të mos dilte e mirë, me gjithë atë harxh që ka", etj. Po kështu ndeshemi gjithmonë me përdorimin e fjalës "iç". Içi është tërësia e përbërësve të një përzierje, e cila shërben si mbushje apo si shtresë në gatime të ndryshme, psh. içi për zarzavatet e mbushura, içi i byrekut, i japrakut, etj.

Gjatë leximit të recetave, do të vini re se shpesh herë mungon sasia e disa përbërësve, kohëzgjatja e një gatimi apo temperatura e duhur për pjekjen. Këto, në Shkodër, zëvendësohen rëndom me shprehjen: "me tahmi" (me sens mase), që do të thotë: duke gabuar, mëson.

Të një rëndësie të veçantë në kuzhinën shkodrane, janë erëzat e përdorura. Ndër përbërësit më të shpeshtë për t'i shtuar shije dhe aromë gatimeve, ndeshim piperin e zi, majdanozin, mendrën (nenexhik), dafinën, rozmarinën, koprën, arrën moskat (arrë myshk), specin e kuq djegës, kanellën. Por është edhe një erëz, që nuk e kam ndeshë askund tjetër dhe që kultivohet e përdoret akoma në Shkodër, "perimja". Ajo është një bimë e ngjashme me majdanozin, por me gjethe më të imta dhe delikate. Pa këtë erëz nuk ka kuptim "byreku me perime". Perimja ka një shije tepër të veçantë, që të mbetet gjatë në gojë, të hap oreksin dhe të vjen ta hash gjithë tepsinë me byrek, pa menduar për të tjerët.

Gjithashtu, në recetat e gatimit në Shkodër përdoren mjaft edhe qepa, sidomos ajo e Drishtit, hudhra, uthulla e rrushit e prodhuar në shtëpi, nerdeni (salca e domateve, e bërë vetë), sheqeri, kumbullat e thata dhe pistili. Ndërsa si yndyrë në gatime dhe ëmbëlsira, janë përdorë më së shumti tlyni, ushuji (dhjami i derrit) dhe vaji i ullirit.

Tani "Urdhnoni, Zonja dhe Zotni e merrni!"

Bazhdari[16] duke punue në Pazar.

Foto: K. Marubi. Pa vit.

---

16   Bazhdar- emri i profesionit të atij që peshonte mallin me shumicë.

Receta për sallata, antipasta dhe zarzavate

Vekshi i nanës vloftë,
kurr i jemi mos pushoftë.

≡ Sallatë me ullinj

Në një tas për sallatë, hedh ullinjtë, pasi u ke hequr bërthamën. Shton aty 1 qepë të grirë në copa të vogla, kripë, pak sheqer, uthull, vaj ulliri dhe pak ujë të vakët. Kjo sallatë hahet me lugë.

≡ Sallatë me pazia

Lan e pastron paziat dhe i zien në një tenxhere me ujë. Më pas i kullon dhe i pret. Shton vaj ulliri, uthull, kripë e hudhra të prera hollë.

≡ Kimë me vezë (pa mish)

Grin 2-3 qepë në kubikë dhe i kavërdis në një tigan me vaj, derisa të zbuten mirë. Pastaj rreh 4-5 vezë me pak kripë dhe i hedh te qepët. I përzien mirë dhe e largon tiganin nga zjarri, sapo të mpiksen vezët.

≡ Patëllxhanë në zgarë (ose furrë)

Patëllxhanët i lan dhe i përshkon nga ana e bishtave, në një tel apo thupër, që e lidh në dy skajet. Këtë varg e vë të piqet në zgarë, buzë vatrës, ose e pjek në furrë. Pasi piqen, i heq patëllxhanët nga vargu dhe i lë të ftohen pak. Më pas, me një thikë ose lugë, ndan tulin nga lëkura dhe e shtyp me pirun. E vendos masën në një tas ku shton kripë, piper, hudhër të shtypur, uthull e vaj ulliri. Pasi i përzien mirë të gjitha bashkë, patëllxhanët janë gati për t'u shërbyer.

Bashkë me patëllxhanët mund të përshkohen në varg për t'u pjekë edhe speca, të cilëve më pas u hiqet cipa dhe i përzien me patëllxhanët e përbërësit e tjerë.

☰ Patëllxhanë në tavë[17]

Pret hollë patëllxhanët për së gjati dhe i lë për ca kohë me kripë. Pasi të kenë lëshuar ujin, i skuq në një tigan me vaj. Heq lëkurën e domateve, i pret në copa dhe i skuq në po atë yndyrë. Në një tavë të lyer me vaj, shtron patëllxhanët dhe sipër tyre vë domatet. Shton kripë, piper, pak majdanoz, hudhër të shtypur e pak vaj. Tavën e vë në furrë që të piqet, për pak kohë.

☰ Patëllxhanë me vezë e djathë

Merr 1 kg. patëllxhanë dhe i heq bishtat. Më pas i vë të ziejnë në një tenxhere me ujë. I heq nga tenxherja dhe i lë të kullojnë. Kur ftohen, i ndan në mes për së gjati dhe i shtyp pak në mes nga ana e tulit, duke formuar një kanal ku do vendoset mbushja, (ose heq një pjesë të tulit që të krijohet hapësirë për mbushje).

Përgatit için: Në një enë rreth 300 gr. djathë të bardhë të grimcuar, 3 vezë të rrahura, pak kripë dhe majdanoz të grirë (tulin e patëllxhanëve, nëse e ke heqë e ndan imët dhe e fut te içi).

Merr me lugë një sasi nga içi dhe mbush patëllxhanët. I pluhurosë sipër me paksa miell, që

---

17   Koliqi, Ernest. *Gjellë të vendit t'onë*, rev. *Shêjzat*, Romë, 1972, nr.5-8, f. 262.

gjatë skuqjes të mos shprishet mbushja. Në një tigan, hedh vaj gjelle dhe pasi të jetë ngrohur mirë, vë patëllxhanët për t'i skuqur. Kur të jetë mpiksë syprina e kthen patëllxhanin me kujdes nga ana e mbushjes, që të skuqet mirë nga të dy anët. Janë shumë të shijshëm si gatim veror dhe mund të shoqërohen me mastikë (uzo) ose birrë.

☰ **Patëllxhanë të mbushur**[18]

Patëllxhanët e mbushur bëhen njëlloj si kungujt, veçse më parë duhet të skuqen pak në tlyn.

☰ **Kunguj të mbushur**[19]

Merr kunguj mesatar. I pastron dhe i gërryen nga brenda me thikë.

Për mbushjen duhet mish i kuq nga kofsha e lopës dhe pak mish i bardhë. Grin mishin dhe i shton qepë të grira hollë, majdanoz, kripë, piper dhe shumë pak oriz. I përzien mirë të gjitha bashkë dhe me këtë iç, mbush kungujt. Kungujt e mbushur i rreshton në një tenxhere me lëng mishi ose ujë si dhe pak lëng domatesh të freskëta. I lë të ziejnë derisa të mbeten në lëngun e vet.

☰ **Gjellë me bamje** [20]

Bamjet në Shkodër tregtohen të përshkuara në vargje thuprash të njoma. Prandaj për të gatuar gjellën, në varësi të personave mund të marrësh me

---

18   Koliqi, Ernest. *Gjellë të vendit t'onë*, rev. *Shêjzat*, Romë, 1972, nr.5-8, f.259

19   Po aty, f. 259

20   Po aty, f. 260

18

tahmi një ose dy vargje bamje.

Kavërdis qepën në një tenxhere me vaj. Në atë yndyrë skuq edhe bamjet. Pasi heq bamjet po aty skuq mishin, të ndarë në copa të vogla. I rreshton të gjitha në tenxhere dhe sipër i vë copa domatesh. Shton ujë në tenxhere dhe i lë të ziejnë, derisa të shterret lëngu.

☰ Patate "Alla greca" [21]

Kavërdis qepën në një tigan me vaj. Në të njëjtën yndyrë skuq patatet e prera në feta. Prapë po aty, skuq pak miell dhe i shton lëng mishi. Hedh në tigan patatet dhe qepët e skuqura më parë, pak majdanoz, kripë e piper dhe i lë të ziejnë së bashku deri sa të mbeten me pak lëng.

☰ Groshë e njomë (bishtaja, mashurka)[22]

Lan mirë groshët dhe i pret dy anët me thikë. Në një tenxhere skuq hudhra dhe pasi i heq, në atë yndyrë hedh groshët e njoma, kripë e piper, shton ujë dhe pasi të jenë bërë, hedh pak majdanoz.

☰ Groshë në vekshë

Sasinë e groshës që do gatuash e lë për disa orë në një enë me ujë. Pasi i derdh ujin e hedh në vekshë (enë dheu), ku i shton ujë dhe një qepë të prerë në copa. E vë vekshën të ziejë ngadalë buzë vatrës, derisa kokrra e groshës të zbutet. Pastaj po aty në zjarr, me një lugë druri, fillon e i shtyp kokrrat e groshës, te anësoret

---

21   Koliqi, Ernest. *Gjellë të vendit t'onë*, rev. *Shêjzat*, Romë, 1972, nr.5-8, f.262

22   P aty, f.262

e vekshës. Grosha bëhet si një krem i trashë. Shton kripë, uthull, mendër e vaj ulliri. I përzien mirë dhe është gati për ta shërbyer.

Grosha pa mish[23], shoqërohet me peshk sipas stinës: gjuhca të fërguara, saraga, kubul të fërguar etj. dhe shërbehet me bukë kallamoqe (misri).

☰ Japrak me lakra të bardha[24]

Merr ½ kg. mish të grirë nga kofsha e lopës, e përzien me pak yndyrë (lope) dhe pak mish të bardhë derri të grirë në copa të vogla. Grin hollë dy qepë dhe i shton te mishi, hedh aty majdanoz, piper e kripë, ½ filxhani kafeje me oriz.

Në një tenxhere me ujë, zien pjesë - pjesë gjethet e një lakre të bardhë. Merr nga një gjethe dhe e mbush brenda me përzierjen e mësipërme. E mbështjell në masën e një kokrre arre dhe e shtrydh pak. I rreshton

---

23   Grosha pa mish, në familjet katolike, zakonisht gatuhej të premteve.

24   **Jeprak me lakna të bardha.** Me shtypë gjysë kiljet mish lopet koshë e pak majm lopet e m'e shtypë edhe ktë, bashkë me nji pakë thiut e dy qepë me i pré hollë e mardanoz mjeft, krypë, byber e gjysë filxhanit kafjet me oriz e m'e përzie fort. Me zie në nji kusi me új nji krye o dý laknet të bardhë e me i vû me zie gjeth- gjeth në kët új e mbasi të jenë zie kto lakna me marrë ka 'i copë gjeth e me shti mbrendë kapak ksi mishit qi âsht shtypë e me i shtrydh pak, por mos me i bâ mâ të mëdhaja se nji arrë e me i vû me zie në nji tenxhere e me i qitë sypri me zie ujin qi janë zie laknat deri sa të mbulohet, por ky ûj duhet me kênë tuj vlue kur t'i qitet ktij jeprakut, se ndryshe shkoklohen kokrrat, e me i qitë edhe pak mollatarta e me i lânë me zie dy sahat e me ja shterrë ujin e m'e lânë në lang të vet. Shih: Koliqi, Ernest. *Gjellë e ambëlsina të vendit t'onë*, rev. "*Shêjzat*", Romë 1972, nr.1-4, f. 64.

kokrrat e japrakut në një tenxhere dhe i mbulon me ujin që janë zierë lakrat, i cili duhet të jetë shumë i ngrohtë, kur t'i hidhet kokrrave sipër, se për ndryshe shprishen. Shton sipër pak domate të grira dhe i lë të ziejnë për nja dy orë, derisa japraku të ketë shterrë lëngun.

☰ **Japraku me lakra të zeza, i Mamës**

Përgatitja e içit: Merr ½ kg mish lope të grirë dhe e përzien me mish derri (të kuq e të bardhë), që e ndan në copa të vogla. Mishi i derrit duhet të jetë me yndyrë për të shkrirë më mirë lakrën gjatë zierjes. Grin imët 3 qepë të mëdha (ose 5 qepë mesatare) dhe i shton te mishi. Po aty shton 1 filxhan kafeje oriz, majdanoz, kripë, piper, (sipas dëshirës, disa i shtojnë edhe mendër të thatë, kopër, spec të kuq pluhur). I përzien mirë të gjithë përbërësit dhe këtë iç e përdor për të mbushur fletët e lakrës.

Lakra e zezë në Shkodër është përdorë vetëm për japrak, në dimër. Vë në zjarr një tenxhere me ujë dhe kur të këtë rënë në valë, merr një sasi nga gjethet e lakrës së zezë dhe i hedh aty për dy-tre minuta. Heq këtë sasi gjethesh, i kullon dhe i hapë në një tavë që të ftohen. Pastaj hedh në tenxhere sasinë tjetër, e kështu deri në fund, sa të ziejnë të gjitha gjethet që do të përdorësh. Gjethja e lakrës së zezë është e madhe, prandaj duhet ndarë përgjysëm duke i heqë edhe kërcellin.

Vendos mbi gjethe için e përgatitur dhe e mbështjell në madhësinë e një kokrre arre duke e shtrënguar mirë në grusht, që të kullojë lëngu i tepërt. Në fund të tenxheres shtron 2-3 gjethe lakre të ziera dhe pak vaj ulliri. Vendos me radhë kokrrat e japrakut duke i ngjeshë pas njëra-tjetrës, që të mos prishen gjatë zierjes. Hedh një gotë ujë, pak kripë e pak vaj ulliri dhe e mbulon japrakun me nja dy gjethe të tjera lakre. Sipër vë një pjatë dhe e mbyll tenxheren me kapak. E lë të ziejë në zjarr të avashtë, duke e kontrolluar herë pas here nëse ka nevojë për ujë dhe në fund e heq pasi të ketë shterrë lëngun.

Dikur, japraku, është zier në vekshë (enë dheu), në zjarrin e avashtë, buzë vatrës.

☰ Japrak me gjethe rrushi

Japraku me gjethe rrushi ka të gjithë përbërësit e stinës së pranverës.

Përgatitja e içit: Grin mishin e qengjit në copa shumë të vogla. Gjithashtu grin hollë një sasi të madhe me qepë të njoma. Pastron dhe grin erëzat: një tufë majdanoz, kopër, mendër të njomë (nenexhik). I bashkon këto erëza me qepët, shton kripë dhe i shtyp pak me duar. Pasi janë përzier mirë, shton piperin, 3 lugë gjelle oriz dhe pak vaj ulliri.

Merr rreth 40-50 copë gjethe rrushi të njoma, të cilat i pastron dhe i vë të ziejnë në ujë të valuar për pak minuta. Më pas, kullohen dhe hapen sa janë të nxehta.

Në mesin e secilës gjethe të zier, vë 1-2 copa nga mishi i prerë në kubikë dhe shton me lugë pak nga içi i përgatitur. E mbështjell mirë kokrrën dhe i rreshton në tenxhere ku ke shtruar disa gjethe rrushi. I hedh vaj ulliri, kripë dhe një gotë ujë. Vë sipër një pjatë dhe e lë të ziejë në zjarr mesatar derisa japraku të jetë bërë dhe ta ketë shterrë ujin.

Ky japrak mund të bëhet edhe pa mish, por me të gjithë përbërësit e mësipërm.

Faksimile këngësh: "Kokërrmadh na duel japraku" dhe "Urdhënoni zotni e merrni"[25]

Urdhënoni, Zotëni, e merrni! [1]) Kokorr-madh na duel jepraku. [1])

Urdhënoni, Zotëni, e merrni!	Kokorr-madh na duel jepraku.
Urdhenoni, Zotëni, e merrni!	Kokorr-madh na duel jepraku.
Pilafin talm e keni;	Vjen bakllava sá çardaku;
Luga luga do t' a çoni;	U shperthye rrethi i tepsís,
Na don hatri t' a mbaroni.	Duhet çue m'u kallajtisë;
Zotëni jeni, zotëni kjoshi!	Paguen të hollat i zoti i shpís.
Per të mirë na urdhënoshi!	Moj hollojcë, e, moj katojcë!
Zojat t' ueja na i gëzoshi!	Mori bukë, pá pjekun-o!
Ju beqarë na u mbartoshi!	Mor pilaf, pá ziemun-o!
Per nji mollë, per nji fëtue;	More mish, perzhitun-o!
N. N. ²) po lypë grue.	Moj bakllavë, e djegun-o!
Në kjoftë e mire un do t' a due;	
Në kjoftë e keqe s' â per mue.	

1) Mbasi kan hânger buk; per me shá katojcen.

1) Te hânen mjesdite në trueze kûr binë pilafin.
2) Permêndet me rênd, êmbni i atyne qi janë per martesë.

---

25   *Gjon Kolë Kujxhija - një ilir i ndezun/* Përg. Eno Koço, Tiranë 2018, f.155

Receta për prodhime brumi, supë dhe pilaf

Buka n'bark e forca n'shtat

Në veprën "Shkodra dhe motet" të Hamdi Bushtatit, gjejmë të shënuar se: "Deri më 1929, ishin 13 mullinj bloje drithi. Këta mullinj kishin të gjithë nga dy gur bloje dhe punonin me ujin e Kirit. Furrtarët dhe fshatarët gjithmonë kanë preferuar të bluajnë në mullinjtë e ujit sepse ishte ma i gratshëm dhe buka dilte shumë e butë. Furrat ishin të shpërndame në qytet dhe te Pazari i Vjetër. Furrat piqnin disa lloje bukësh. Përdoreshin dy lloje mbrumjeje:

- Mbrumje me qiqrra, me të cilën gatuhej simiti, pogaça, buka simite, buka ermike dhe buka e kuqe e misrit.

- Mbrumje me brumë të thartë (ose maja e zakonshme). Me këtë brumë mbruheshin samunat, haset, buka e thjeshtë e grunit dhe galetat (peksimetet) e barkëtarëve, si dhe karramanet e ushtrisë. Buka e misrit e zakonshme nuk mbruhej: brumosej me ujë të ftoftë dhe mandej e shtrime ndër tepsi, piqej në furrë. Kështu gatuhej edhe buka e grunit me forma të rrumbullakta. Ka pasë edhe bukë speciale, si franxhollat që ziheshin me maja birre ashtu edhe "qahijat" e "toplijat" që konsumoheshin në mëngjez. Buka e grunit dhe simitat konsumoheshin ma shumë në stinën e verës e të vjeshtës. Në dimën përdorej ma shumë buka e misrit ma së shumti në mëngjez tue e

24

përzie me terhanin, kryelanë, valë ose çorbë, etj." [26]

Kurse Gjon Kujxhija shkruan: "Në dasma, posë buket dhe "qërekve" të simitçisë që ishin të bamë me miell dhe tamël, u qitëte edhe "pagaça e shpisë"[27]

Ndërkaq Simon Rrota na tregon se në vdekje, shërbeheshin: "simita (nji lloj kulaçi në madhësinë e nji pjate jo të madhe, i prodhuem me miell të bardhë qiqrre) ose hasë (nji lloj buke me dy faqe, pa tul mrendë, e bame me miell gruni, e bardhë)." [28]
Sipas kujtimeve të V. Stojanit, kur i ati erdhi në Shkodër, në vitin 1880, gjeti 64 furra buke. Përgjithësisht këtë zanat e ushtronin qytetarë të komunitetit ortodoks, të ardhur nga Struga apo vise të tjera të Maqedonisë. Kështu përshembull Stefan Pistoli, kishte furrën në qendër të qytetit dhe mbahej se gatuante bukën më të mirë.

☰ **Paçamur me vaj**[29]

Pret bukën e grurit në copa të vogla dhe e zien në ujë, me kripë e piper. Në gjysmë të zierjes i shton mjaft vaj ulliri dhe vazhdon zierjen që të mbetet një masë e trashë.

---

26   Bushati, Hamdi, *Shkodra dhe motet,* vëll.II, Shkodër 1999, f.385, 318-319

27   Kujxhija, Gjon Kolë. *Valle kombtare. Dasëm shkodrane.* Firence 1943.

28   Rrota, Simon. *Po shkruej për vedi e Shkodrën,* Shb. *Fishta,* Lezhë, 2018, f.80

29   **Paçamur me voj.** Me pré bukën copa- copa të vogla e m'e zie n'új me krypë e byber e në gjysë të ziemit me i qitë bojagi voj e m'e lanë me zie shum, se sâ mâ shum të zien e mâ mirë asht, e m'e lânë trashë. Shih: Koliqi, Ernest. *Gjellë e ambëlsina të vendit t'onë,* rev. *Shêjzat,* Romë 1972, nr.1-4, f. 64.

☰ Paçamur me zhigla

Vë në zjarr një tenxhere me ujë e pak kripë. Kur merr valë, shton kafshata buke gruri në madhësi mesatare dhe i lë në zjarr deri sa të marrin valë e të zbuten pak. Forma e kafshatës duhet të qëndrojë e paprishur edhe në pjatë.

Ndërkohë, në një tigan ngroh mirë zhiglat[30] dhe i hedh me lugë, ashtu të nxehta, mbi paçamurin e vendosur në pjata.

☰ Terhan (Trahana)[31]

Terhani përgatitet me miell gruri duke e punuar brumin si për bukë: mbruhet me maja ose me farë kosi, por mund të zihet edhe me lëng mishi (ose yndyrë). Ai brumë mbasi të ketë ardhë brenda dy ditësh, grihet me dorë dhe shoshej, me qëllim që të thërmohet në formë të rërës së trashë. Hapej nëpër tepsi ose çarçafë dhe lihej të thahej për disa ditë. Pastaj ruhej ndër trasta ose ndër enë të mbyllura dhe vendosej në vende të thata.

Kur do ta përdorësh një sasi nga terhani për gatim, hedh në një tenxhere vaj ulliri dhe miell, e përzien vazhdimisht derisa të marrë një ngjyrë të artë, shton ujë e pak kripë, aq sa të bëhet një masë pak e trashë. Pastaj shton sasinë e terhanit dhe e lë edhe një çerek

---

30 Për zhiglat, do të lexoni te kapitulli i recetave me mish.

31 **Terhani** e ka origjinën nga orienti. Ma vonë me zëvendësue terhanin, këtë gjellë tradicionale të mëngjezit, në stinën e dimnit, asht përdorë buka e grunit tue e imitue terhanin. Mbasi zjehet buka e cila përzihet me copa buke misri, përvëlohet me yndyrë e ma në fund bylmetohet me qumësht. Me terhan mund të bahet edhe supë e shijshme.
Shih: Bushati, Hamdi, *Shkodra dhe motet,* vëll.I, Shkodër 1998, f.314

ore në zjarr. E hedh në pjata masën e përgatitur. Ndërkohë, ke vënë në një tigan zhiglat që të ngrohen dhe më pas i hedh mbi masën që ke në pjatë. Gjatë ngrënies, që të mos ngrijnë zhiglat, hidhet herë pas here në pjatë, nga pak qumësht i ngrohtë.

≡ Pulendër

Në një tenxhere me rreth 1.5 litër ujë e pak kripë, hedh ½ kg miell misri. Që të mos formohen kokrriza, e përzien vazhdimisht këtë masë me një lugë druri, në zjarr të avashtë. Vazhdon zierjen derisa thithet uji dhe masa është bërë e njëtrajtshme. Ngroh në një tigan zhiglat dhe përvëlon me to pulendrën.

≡ Kryelar (Kryelan)

Merr bukë misri dhe e thërrmon në copa si për përshesh. Në një tigan, hedh yndyrë (vaj ulliri ose gjalpë) dhe shton sipër copat e bukës. Gjatë kavërdisjes shton pak shëllirë djathi dhe sipas dëshirës edhe copa të vogla djathi të bardhë. Shërbehet e ngrohtë. Kryelari, gjithashtu, përgatitet edhe me shije të ëmbël. Pasi përzien bukën e thërmuar të misrit me yndyrën në zjarr, shton 3-4 lugë sheqer dhe pak ujë. E përzien mirë sa të shkrijë sheqeri dhe është gati për t'u shërbyer.

≡ Çorbë me vezë

Skuq miell misri në tlyn, shton kripë dhe ujë. E përzien derisa të trashet pak, pastaj i hedh sipër 2-3 vezë të rrahura. Sa të mpiksen vezët, e heq nga zjarri.

☰ Qeshqek (ose qeshkek)[32]

Hedh grurin në një tenxhere të madhe me ujë të ngrohtë, pastaj e kullon dhe e lë të thahet. Mbas këtij procesi, gruri futet në një thes dhe me një dru rrihet, duke e sjellë thesin herë në një anë e herë në tjetrën, derisa t'i ketë rënë cipa e të mbetet i bardhë. E lan përsëri dhe e hedh në një kazan ose tenxhere shumë te madhe, ku më parë shtrohet peshqiri i një bagëtie të imët. Pasi hedh grurin, shton edhe një pulë (ose gjel deti), hedh ujë dhe e vë tenxheren në zjarr. Lihet për një kohë të gjatë të ziejë në zjarr të avashtë, duke e përzier herë mbas here me kujdes, pa prishur formën e pulës. Të nesërmen, nxjerr pulën nga tenxherja dhe e mbështet në një tavë. Zhvesh pulën nga kockat, e ndan fije-fije dhe e fut prapë në tenxheren ku është gruri. Vazhdon zierjen, duke e rrahur masën me një lugë të madhe druri, (ky proces kërkon shumë forcë), derisa mishi e gruri të bëhen një masë e njëtrajtëshme si fije. Qeshqeku shërbehet i ngrohtë dhe pasi e hedh në pjata, e përvëlon me tlyn.

---

32 **Qeshqek** asht fjalë arabe e shqiptarizueme. Gjellë e përdorun veçanërisht nga myslimanët që e kanë pëlqye e shijue shumë si ushqim i fuqishëm, porositun nga vetë Profeti, për të zëvendësue venën që u ndalohej myslimanëve. Përgatiet prej grunit guramadh. Në kohë të kalueme, qeshqeku ka qenë ma i preferuem se orizi prej shumë familjeve shkodrane. Shih: Bushati,Hamdi *"Shkodra dhe motet"*, vëll.I, Shkodër 1998, f.315
Gjithashtu e kanë përdorë edhe në familjet ortodokse, të ardhura në Shkodër nga jugu i Shqipërisë, dhe e kanë gatuar ditën e Krishtlindjeve në mëngjes, pasi janë kthyer nga mesha e festës.

≡ ”Petullat e Nandajës”

Rreh vezën me ujë e pak kripë. Shton një putir raki dhe hedh miell me tahmi, si për brumë petullash. Pasi e përzien brumin mirë, vë në zjarr të fortë, një tigan me shumë vaj. Merr me lugë sasi nga brumi i petullave dhe i hedh në vajin e ngrohtë. Sa fillojnë të fryhen petullat, i kthen shpejt nga ana tjetër dhe kur marrin ngjyrën e artë, i heq nga zjarri. Shërbehen të ngrohta dhe shoqërohen me djathë, mjaltë, reçel, pekmez etj.

≡ Petulla me kos e hudhra

Përgatit brumin e petullave me miell, ujë, pak kripë e paksa sheqer. Vendos në zjarr tiganin me vaj dhe me lugë hedh sasi të vogla nga brumi, sepse kur hidhen më pas në kos, fryhen shumë. Në një enë hedh një sasi kosi ku shton hudhra të shtypura e pak kripë. Hedh petullat jo shumë të nxehta te ena me kos dhe hudhër të shtypur, dhe i lë rreth 15 minuta që të zbuten. Pastaj janë gati për t'u shërbyer.

≡ Mantije[33]

Zë brumin si për byrek. Pasi e lë me ardhë, e ndan brumin në kuleçë të vegjël, të cilët i hap nga 4-5 bashkë. Pasi hap petët, i lyen me vaj dhe nëse peta është e madhe e ndan përgjysmë. Secilën pjesë e mbledh role duke filluar nga ana e harkuar që e fut përbrenda. Pastaj e ndan me thikë në copa me formë cilindrike dhe shtyp me gisht pjesën e poshtme dhe të sipërme, për të krijuar formën e mantijes. I vendos

---

33   Mantijet, janë traditë e podgoriçanëve të ardhur herët në Shkodër dhe është një recetë tepër e shijëshme.

të gjitha në tavë, jo shumë afër njëra - tjetrës dhe i pjek njëlloj si byrekun. Kur dalin nga furra mantijet, i lë sa të ftohen pak dhe i spërkat me ujë të nxehtë. Pastaj i hedh kosin me hudhra të shtypura, që e ke përgatitë në një enë tjetër.

☰ Supë me lëng mishi

Hedh lëngun e mishit ose të pulës në tenxhere. Kur vlon lëngu, hedh pak makarona të vogla supe ose fille të holla dhe kripë. Supa duhet të dalë krejt e hollë dhe në fund i shtohet lëng limoni.

☰ Supë me bizele të freskëta[34]

Në një tenxhere me vaj, kavërdisë një qepë të prerë imët, shton pak majdanoz e më pas bizelet. Po aty shton oriz, kripë e piper dhe vazhdon kavërdisjen. I mbulon me ujë dhe i lë të ziejnë. Supa duhet të mbetet me pak lëng.

☰ Supë me groshë[35]

Zien groshën në një tenxhere me ujë. Skuq në një tigan me vaj, qepën e grirë hollë. Në gjysmë të zierjes së groshës, shton qepën e skuqur. Gati në fund i hedh oriz në një sasi më të madhe se groshë. Shton kripë e piper dhe e lë me pak lëng.

---

34   **Minestër me bizi të freskët me voj**. Me kavërdisë qepë të preme hollë me voj e pak mardanoz, me shtu bizi të freskët mjaft e me vazhdu me i kavërdisë. N'e mbram me shtu edhe orizin e mandej me i qitë ujin, krypë e byber e m'e lanë trashë e jo hollë. Shih: Koliqi, Ernest. *Gjellë e ambëlsina të vendit t'onë*, rev. *Shêjzat*, Romë 1972, nr.1-4, f. 64

35   Koliqi, Ernest. *Gjellë e ambëlsina të vendit t'onë*, rev. *Shêjzat*, Romë 1972, nr.1-4, f. 64

☰ Çorbë me mish

Në një tenxhere me tlyn ose vaj ulliri, skuq qepë të njomë të grirë imët. Shton aty edhe të brendshme viçi ose qengji, të ndara në copa të vogla (ose mishi viçi me yndyrë). I skuq të gjitha bashkë, shton kripë e piper dhe ujë. Kur vlon uji hedh orizin. E lë të ziejë në zjarr të avashtë dhe në fund shton mendër (nenexhik) ose majdanoz. Kjo supë duhet të mbetet më e trashë se supat e tjera.

☰ Makarona me sardele[36]

Zien makaronat dhe i kullon. Në një tigan me vaj, skuq 1 qepë të grirë imët dhe i shton sardelet të ndara në copa të vogla, duke vazhduar kavërdisjen. Këtë përgatitje ia hedh makaronave.

☰ Pilaf

Për përgatitjen e pilafit duhet të ruhen përmasat një me dy, pra një masë oriz dhe dy masa lëng mishi.

Zien mishin (mish lope me yndyrë ose mish pule) dhe pasi e kullon lëngun, hedh në tenxhere dyfishin e masës së orizit që duam të përgatisim. Shton kripë dhe pasi vlon lëngu, hedh sasinë e orizit. E përzien mirë me lëngun dhe e mbulon tenxheren me kapak. Pilafi është gati kur lëngu është përthithur i gjithi dhe janë krijuar si vrima në sipërfaqe. Kokrra e orizit duhet të jetë zbutur, por njëkohësisht ta ketë ruajtur formën.

---

36   **Makarona me sardele.** Me zi makaronat n'új e me ia kullue ujin mirë. Me kavërtisë qepë të preme hollë në voj e me i qitë sardele copa copa. Me i kavërtisë bashkë me qepë njapak e me ja qitë makaronave. Shih: Koliqi, Ernest. *Gjellë e ambëlsina të vendit t'onë*, rev. *Shêjzat*, Romë 1972, nr.1-4, f. 64.

Në një enë tjetër, shkrin në zjarr 1-2 lugë gjelle tlyn (gjalpë i shkrirë) dhe përvëlon pilafin duke e përzier me kujdes. Shërbehet i ngrohtë.

☰ **Bullgur**[37]

Bullguri përgatitet me një lloj gruri, i cili pasi zien, thahet e shtypet, vihet në një tenxhere me ujë dhe bëhet si pilafi, i përvëluar me yndyrë.

---

37   Bullguri vjen nga turqishtja. Kjo fjalë ka nisë të njihet në popullsinë e këtij qyteti në kohën e pushtimit austro-hungarez të vitit 1917. U përhap në Shkodër, për të zëvëndësuar mungesën e orizit. Shih: Bushati, Hamdi, *Shkodra dhe motet,* vëll.I, Shkodër 1998, f.314

Bakërxhi në Pazar.
Foto: K. Marubi. Pa vit

Receta për byrek dhe lakror

☰ Byrek me mish

Përgatit më parë için: Grin qepët imët dhe i hedh në një tigan me vaj. Kavërdis qepën derisa të marrë një ngjyrë të artë. Merr mish me pak yndyrë dhe e ndan në copa të vogla, (tani përdoret mish i grirë). Shton mishin te qepa, i hedh kripë e piper dhe e lë në zjarr duke i shtuar nga pak ujë herë mbas here.

Ndërkohë përgatit petët e byrekut. Shtron gjysmën e petëve dhe mbi to hedh için e përgatitur. Vë petët e tjera sipër, i lyen me pak vaj dhe e fut tavën në furrë të piqet. Ky byrek shërbehet i ngrohtë.

☰ Byrek me perime[38]

Harxhet për përgatitjen e petëve: 1 e verdhë veze, ½ kg. miell, ½ gote vaj ulliri, 1 gotë ujë e pak kripë. E mbrun dhe e ndan në 6 kuleçë për petët poshtë e 6 për ato sipër, pastaj me to hap dy petë poshtë e dy petë sipër. Nëse do ta bësh me dy shtresa iç, atëherë zë më shumë brumë për petët.

Për përgatitjen e içit duhet ky harxh: 5 tufa

---

38   Perime, siç e përshkrova me lart kur fola për erëzat, quhet kjo erëz që gjendet vetëm në Shkodër, e ngjashme në pamje me majdanozin, por më e imët dhe me një aromë e shje karakteristike.

pazia ose spinaq, 5 tufa perime, 3 tufa kopër, 3 tufa majdanoz. 3-4 kokrra vezë, 200-250 gr.djathë i bardhë, 3-4 lugë gjelle vaj ulliri. Lan, kullon dhe grin imët paziat ose spinaqin dhe erëzat. I hedh në një enë, ku i shtyp me dorë pasi i ke hedhë pak kripë. Shton vezët, copat e djathit dhe vajin e ullirit.

Shtron petët në tavë dhe pastaj hedh sipër için. E mbulon me petët e tjera, të cilat i spërkat me vaj ulliri (ose me tlyn, për aromë). Byrekun mund ta ndajmë në feta katrore para pjekjes dhe e ngrohim furrën në temperaturë 200°, duke ia ulë gradacionin më vonë. Kur e nxjerr nga furra, duhet të jesh vetëm, që të përfitosh sa më shumë pjesë. Është plot shije dhe aroma.

☰ Byrek me vezë[39]

Zë brumin si për byrek dhe hap petët. Shtron një sasi petësh në tavë. Harxhet për için: 1 kg qumësht, 4 vezë, 2 lugë miell, 5-6 lugë sheqer.

I përzien mirë të gjitha, në një tas të madh dhe e hedh këtë iç mbi petët që ke shtruar në tavë. Sipër e mbulon me petët e tjera, duke i mbledhur anësoret që të mos dalë lëngu jashtë. E fut tavën në furrë të ngrohur në temperaturë rreth 200°. Ky byrek shërbehet zakonisht pas gjellëve të tjera dhe para ëmbëlsirës.

---

39   Thirrej në Shkodër edhe "Pite me voe" dhe shërbehej në dasma, në sini të mëdha, para ëmbëlsirës.

☰ **Lakror me pazija ose spinaq**[40]

Grin 6-7 qepë mesatare dhe i skuq në tigan me vaj. Shton më pas ¼ kg. pazia ose spinaq të prerë imët, 1/2 filxhani kafeje me oriz dhe i përzien vazhdimisht. Në fund hedh mjaft majdanoz, pak kripë e piper, rrush të thatë dhe pak sheqer. I përzien mirë dhe e heq tiganin nga zjarri.

Në një enë përgatit brumin të zënë me miell gruri, ujë e kripë, në trashësinë e brumit të petullave. Lyen tavën me vaj dhe hedh aty një pjesë të brumit. Mbi këtë brumë hedh için që përgatite dhe e mbulon me pjesën tjetër të brumit, që duhet të jetë më i hollë se shtresa e poshtme. Lakrorin e spërkat sipër me vaj dhe e fut në furrë. Kur piqet e pret në copa katrore dhe e shërben në sofër.

---

40   **Laknuer për tepsi të vogël**. Me gri qepë mjaft, gjashtë a shtatë të préme hollë e me i qitë voj e me i kavërtisë bashkë e mbasi të jetë kavërtisë qepa me i qitë edhe nji çerek kiljet pazi o spinaq të prem hollë. Me i qitë edhe gjysë filxhanit të vogël kafjet me oriz, e m'e përzie shpesh qi mos të njitet orizi. N'e mbrâm me i qitë edhe mardanoz mjaft e m'e kavërtisë njapak e me i qitë krypë e byber, e përpara se m'e hjekë prej zjermit me i qitë mjeft rrush të thatë pa bërthâmë e pak sheqer e me i dhânë edhe dý të përzieme në zjerm e mandej m'e hjekë. Tepsin m'e lye me voj e mandej me zânë brumin me új e pak krypë e miell grúnit e m'e ia bâ two kët brumë si për petulla e me ia shtrue nêntê tepsis por jo trashë, e mandej me i vû için n'mjedis, edhe sypri me i vû kët miell me új, por pak sa m'e mbulue se sypri i duhet ma i hollë brumi se nêntê, Me i qitë voj sypri e m'e pjekë në furrrë. Përpara se m'e çue në sofër, preje. Shih: Koliqi, Ernest. *Gjellë e ambëlsina të vendit t'onë*, rev. *Shêjzat*, Romë 1972, nr.1-4, f.66

≡ **Lakror me qepë, i Mamës**[41]

Harxhi për lakrorin me qepë: 6 qepë të mëdha (ose 10 qepë mesatare), ½ filxh. çaji sheqer, 1 vezë, vaj gjelle, kripë, miell, ujë.

Qëron qepët dhe i grin në feta të holla. I skuq në një tigan me vaj duke shtuar pak kripë. Kur qepët fillojnë të zbuten dhe të marrin ngjyrë, shton sheqerin. I përzien mirë që të shkrijë sheqeri dhe pastaj e heq tiganin nga zjarri. Pasi ftohet içi, shton aty edhe miellin të shkrirë më parë me pak ujë. I përzien të gjitha bashkë që të bëhet një masë më e trashë se brumi i petullave dhe e hedh në tavë. Duhet që tava të jetë në atë madhësi, që shtresa e brumit të jetë sa më e hollë.

Në një tas hedh 1 lugë gjelle miell e pak ujë, i përzien dhe shton vezën e rrahur. Këtë masë të hollë e përhapë mbi brumin e shtruar në tavë, që ta mbulojë gjithë sipërfaqen. E spërkat lakrorin me vaj dhe e fut në furrë të piqet, derisa të marrë një ngjyrë të artë.

---

41   Lakrori me qepë përgatitet posaçërisht për natën e Krishtlindjes dhe është pjesë e tryezës bashkë me peshkun.

Kuzhinjerë të ushtrisë austriake.
Foto Kel Marubi. Shkodër, 1912.

Receta për gatime me mish

Buka të mban frymën,
yndyra të ndrit ftyrën

"Në familjet qytetare, gjatë verës angazhoheshin për me sigurue rezervat dimnore, si psh, prisnin bagëti, dhe përgatitej sazermi, blinin një sasi groshe, grunin e shtypun, terhanin, niseshtenë, etj. Një vend me randësi zinte mbajtja dhe rritja e lopëve, deleve ose dhive (dhe e derrave në familjet katolike, shën. i imi). Mbajtja e lopës ishte shenjë mbarësie "bereqeti"".[42]

☰ Pastermaja[43]

Në dimër, therej një bagëti e trashë ose e imët. Pjesët e brinjëve i ndanin rripa-rripa dhe mbasi i kripnin, i stivonin në një kosh ose shportë të madhe që të kullonte gjaku. Përgatitej një tendë me thupra që mbështetej mbi vatër dhe mbi të vendosej mishi që të thahej në tym.

Mbas disa ditësh, pasi mishi ishte tharë mirë, hiqej nga tenda e thuprave dhe vendosej në një arkë ose në një çarranik (dollap kuzhine me rrjetë të imët teli) që të ruhej në një vend të mbrojtur e të pastër,

---

42   Bushati, Hamdi, *Shkodra dhe motet,* vëll.I. Shkodër 1998, f.311

43   Pastermaja ka qenë një nga ushqimet kryesore për një familje shkodrane me një gjendje të mirë ekonomike. Katolikët në vend të thamjes së mishit të bagëtive të trasha ose të imta, thernin derrin dhe e bënin pastërma për dimën. Shih: Bushati, Hamdi, *Shkodra dhe motet,* vëll.I, Shkodër 1998, f.315-316

për një kohë të gjatë.

Pjesa që merrej për t'u gatuar në gjellë, më parë vendosej në një enë me ujë të ftohtë për t'a zbutur, por edhe për t'i heqë kripën e shumtë dhe aromën e tymit. Pastaj ishte gati për t'u gatuar me lakra, groshë, etj. ose vetëm me lëng.

☰ **Sazermi**[44]

Për përgatitjen e sazermit, zgjidhen pjesët me tul të mishit të yndyrshëm të bagëtisë. Këto pjesë, lahen e pastrohen mirë nga gjaku. Mbasi të kenë kulluar, ndahen në copa të vogla dhe vihen në një tenxhere pa ujë. Mbyll tenxheren me kapak dhe e vë në zjarr. Në avullin që krijohet, mishi zbutet mirë dhe skuqet njëkohësisht. Pasi të jetë skuqur në yndyrën e vet, duke e përzier vazhdimisht, i hidhet nga pak ujë gradualisht, derisa të jetë zbutë e zier mirë.

Heq copat e mishit nga tenxherja dhe i hedh në enë të hapura. Në varësi të enës ku është hapur, i jepet forma. Që të ruhet për një kohë të gjatë, sazermit i hidhet një sasi dhjami të tretur ose vaj ulliri.

Sazermi përdoret në të gjitha gjellët që gatuhen me mish. Për ta futur në gatime të ndryshme, merret një sasi nga këto copa dhe skuqen në një tigan me pak vaj. Zhiglat që përftohen nga skuqja, i shtohen ushqimit që t'i japë shije. Sazermi hahet edhe i ftohtë.

---

44   Në turqisht këtij mishi të bamë "sazerm" i thonë "kavurma". Katolikët nuk e kanë përdorë këtë specialitet mishi. Shih: Bushati, Hamdi, *Shkodra dhe motet*, vëll.I, Shkodër 1998, f.315-316

☰ Groshë me mish në vekshë

E vë groshën në një enë me ujë për disa orë. Pastaj e hedh në vekshë ku shton qepën e ndarë në copa, salcën dhe copat e mishit, përgjithësisht përdorej pjesë brinje nga bagëtia e imët, ose brinjë derri e thatë. E vë vekshën të ziejë mbi prush, buzë vatrës, dhe në fund i shton kripë, piper, mendër e pak spec djegës. E vë në zjarr sa të marrë edhe një valë dhe është gati. Shërbehet me bukë kallamoqe të nxehtë.

☰ Mish me lakra[45]

Merr 1 kg. mish lope ose dashi, sipas qejfit, (por mishi duhet të jetë me dhjamë). Bashkë me të, vë në vekshë edhe 1/4 kg. mish derri të freskët ose pakë (pjesë e bardhë) derri, të thatë. Kur mishi të jetë në gjysmë të zierjes, i hidhen 1-2 koka lakre të bardhë të grirë trashë, pak kripë e piper. Shton ujë mjaftueshëm dhe i lë në zjarr të avashtë, derisa të ziehet mishi e të mbetet me pak lëng, sepse kjo gjellë hahet me lugë.

---

45   **Mish e lakna.** Me marr nji kilo mish lopet o dashit, si të jenë qefi, por mishi duhet me kénë i majm e m'e vû me zie bashkë edhe nji çerek mish thjut të freskët për me dalë laknat të majme, e në kojftë se mish thjut i freskët nuk gjindet, atëherë me marrë pak pakë proshutet e m'e zie bashkë nji copet e mbasi mishi të jetë m'nji çerek të ziemit me i qitë me zie bashkë me mish nji krye o dý krena laknash të bardha e me i pré si për lakna qi véhen në teqe, e krypë e byber e duhet me i lânë me zie deri sa të ziehet mishi e me i lânë me pak fort lang se hahen me lugë. Shih: Koliqi, Ernest. *Gjellë të vendit t'onë,* rev. *Shêjzat,* Romë 1972, nr.5-8, f. 258

☰ **Mish viçi i skuqur me vezë**[46]

Merr ½ kg. mish nga kofsha e viçit dhe e pret në copa të vogla. Pret hollë edhe 2 qepë mesatare dhe i vë të skuqen së bashku në një tigan me tlyn. Shton herë pas here nga pak ujë derisa të zbutet mishi. Pastaj shton vezë të rrahur, kripë e piper, i përzien që të mos ngjiten vezët dhe e heq tenxheren nga zjarri.

☰ **Mish në uthull.** [47]

Merr një pjesë mishi nga kofsha e lopës dhe e pret në copa.

Në një enë përgatitë këtë përzierje: uthull, kripë, piper, rozmarinë dhe ca thelpinj hudhër. Vendos aty copat e mishit dhe e mbulon enën me kapak. E lë mishin të marinohet për 24 orë.

Mishin e marinuar e skuq në një tigan me yndyrë. Në po atë tigan skuq qepë dhe pak domate. Shton sipër mishin e skuqur, i hedh ujë, pak kanellë dhe pak nga lëngu i marinimit. E vë të ziejë dhe e lë në zjarr derisa të shterret krejt lëngu.

☰ **Mish me limon.**[48]

Harxhet për përgatitjen e kësaj recete janë: 1 kg.

---

46   **Mish viçit të fërguem me voe.** Me marrë gjysë kilit mish viçit në koshë të mirë e m'e pré grima grima e me pré hollë 2 qepë jo fort të mëdhaja e tlyen e me i vû m'nji fultere tânë bashkë e mandej me i kuqë tuj i qitë ka 'i pikë új, deri sa të bâhet e masi të jenë bâ mishi me i qitë voe të rrahuna si të jetë qefi, e krypë e byber e me ndejë tuj i përzie voet qi mos të njiten. Shih: Koliqi, Ernest. *Gjellë të vendit t'onë*, rev. *Shêjzat*, Romë, 1972, nr.5-8, f.258

47   Po aty, f. 260

48   Po aty, f.260

mish nga kofsha e lopës, 3-4 qepë të prera në feta rrumbullake, kripë, piper dhe lëngu i 2 limonëve të shtrydhur.

Vë në zjarr tenxheren me vaj ulliri dhe pak tlyn, rreshton copat e mishit dhe gjithë përbërësit e tjerë. Shton ujë sa të mbulohet mishi dhe në fund të zierjes e lë me pak lëng.

☰ Mish i shterrur

Merr mish lope, pjesë filetoje dhe e pret në copa me trashësi rreth 1,5 cm. Rreshton copat e mishit në një tenxhere me fund të gjerë, ku ke hedhur më parë pak vaj. Sipër mishit, shtron 3-4 qepë të renduara dhe disa thelpinj hudhër të shtypur. Shton kripë, piper dhe gjethe dafine. Hedh pak ujë dhe e vë tenxheren në zjarr të avashtë. Nëse është e nevojshme gjatë zierjes, shton sasinë e ujit dhe e lë në zjarr derisa lëngu të shterret. Shërbehet në pjatë duke i hedhë sipër pak prej lëngut të shterrur.

☰ Mish umido

Mishin e viçit (ose të qengjit) e ndan në copa dhe e fut në vekshë. Shton 1-2 kokrra qepë të grira, 1 mollë të ndarë në copa, kumbulla të thata, kripë, piper, pak sheqer, pak uthull dhe salcë ose domate të grira. E mbulon me ujë mishin dhe pasi i vë kapakun vekshës, e lë të ziejë në qoshe të vatrës ngadalë derisa të ketë shterrë lëngun.

Shërbehet në pjatë duke i hedhë sipër lëngun e shterrur bashkë me copat e shkrira të mollës dhe kumbullave. Sipas dëshirës, mund të shoqërohet me patate të skuqura dhe sallatë jeshile.

☰ Jahni me mish viçi ose lope

Merr 1 kg. mish lope, (ose mish viçi) dhe e ndan në copa.

Grin imët për së gjati, 2 qepë, i hedh kripë e i shtyp mirë me dorë. Vë qepën në një tenxhere me pak vaj, shton aty mishin, 5-6 thelpinj hudhër, ujë, salcë, kripë, piper, pak sheqer, një copë pistil ose kumbulla të thata, gjethe dafine. Shton ujë dhe e lë të ziejë në zjarr të avashtë, duke e kontrolluar herë pas here për sasinë e ujit. Kur mishi të jetë zier, shton në tenxhere 2 lugë gjelle miell e ½ filxhani kafeje me uthull të fortë, të përziera më parë në një tas. I jep dhe një valë jahnisë, duke e përzier dhe e largon nga zjarri.

Familjet katolike blinin nga një gic të vogël dhe e mbanin në ambjentet ndihmëse të shtëpisë. Kur gici rritej e bëhej derr, andej nga fillimi i dhjetorit, e thernin.

☰ Fërgesa[49]

Nga mishi i derrit të sapo therur, merr një sasi mishi të kuq dhe të bardhë. Po ashtu merr edhe mëlçitë e derrit. Të gjitha bashkë, priten në copa të vogla dhe kavërdisen në një tenxhere të madhe, ku shton kripë, piper e gjethe dafine. Pastaj shton ngapak ujë derisa mishi dhe mëlçitë të zbuten. I lë në zjarr sa të shterrin e të ngelen në yndyrën e vet.

Kjo quhet "fërgesa e gostës së thiut", që shërbehet në sofër bashkë me mezet dhe sallatën turshi, shoqëruar me raki rrushi.

---

49   Atë ditë që therej derri, i zoti i shtëpisë ftonte për drekë ndonjë mik të ngushtë, komshi apo të afërm dhe kjo quhej, "Gosta e thiut". Gatimi që përgatitej për këtë drekë ishte "Fërgesa".

☰ Ushuji dhe zhiglat

Mishi për ushujin merret nga peshqiri i derrit dhe pjesët e tjera të bardha.

Priten këto pjesë në copa të vogla dhe skuqen në një enë të thellë, duke i shtuar herë mbas here nga pak ujë që të mos errësohet, por të ruajë ngjyrën e bardhë. Masa e bardhë që rri sipër në tenxhere, mblidhet me lugë dhe ruhet nëpër enë, për t'u përdorë gjatë vitit. Kjo yndyrë quhet ushuj dhe përdoret në gatime me zarzavate, për skuqjen e vezëve, te paçamuri, në përpeq, për të lyer bukën e thekur, etj.

Pjesa që mbetet në fund të tenxheres, pasi është heqë ushuji, janë zhiglat, të cilat kanë marrë një ngjyrë të verdhë në të kuqërremtë. Pasi hiqen nga tenxherja, hahen ashtu të ngrohta me pak kripë mbi bukën e thekur, hidhen te veza e skuqur ose ruhen për t'i hedhur sipër pulendrës, pasi të jenë ngrohë më parë.

☰ Mish derri i thatë

Nga mishi i derrit të sapo therur, për t'iu nënshtruar teknologjisë së tharjes, ndahen bukur sipas formave: shpatullat, kofshët, brinjët, pjesët e kurrizit (peshku) dhe pjesë nga paka[50] e derrit. I mbështetë të gjitha mbi një banak dhe i kriposë me kripë të trashë, të zezë, duke ia ngjeshë mirë, sidomos në pjesët afër kockës.

Merr një mastelë (gjysëm fuqie prej druri) dhe rreshton pjesët e kriposura njëra mbi tjetrën. Mbi çdo rresht hedh prap kripë. Sipër i mbulon me një tendë thuprash që të peshojë mbi mishin. I lë ashtu për nja dy javë.

---

50   Shtresë e bardhë dhe e trashë e yndyrës së derrit, që gjendet poshtë lëkurës, ngjitur me brinjët dhe poshtë barkut.

Pasi nxirren nga mastela, brinjët dhe peshku i derrit, shkunden nga kripa e tepërt dhe lihen të varura që të kullojnë ujin për 24 orë. Pastaj varen në çengelat e trarëve ose vendosen në një tendë me thupra që mbështetet mbi vatër, për t'u tharë në tym.

Kofshët dhe shpatullat, pasi nxirren nga mastela, i mbështet në dy dërrasa të vendosura me pak hapësirë nga njëra-tjetra. Sipër mishit peshon dy dërrasa të tjera dhe mbi to vë disa gurë të rëndë në mënyrë që mishit t'i dalë shëllira që ka thithur. Pastaj edhe këto pjesë varen në trarë për t'u tharë nga tymi i vatrës. Kofshët dhe shpatullat kur thahen, quhen proshutë derri. Por pjesa e kofshës është më e preferuar, sepse ka më shumë tul dhe pritet më bukur. Proshuta, pasi ndahet në feta të holla, shërbehet si meze apo antipastë.

Pjesa e kurrizit, që është edhe pjesa më e bukur dhe quhet "peshku i derrit" (sepse është mish krejt i kuq që nxirret nga dy anët e kurrizit dhe ka formë të gjatë e të hollë), pasi thahet, shërbehet e ndarë në feta të holla si meze.

Brinjët dhe pjesa e bardhë e mishit të derrit, që quhej pakë, pasi thahen, përdoren në dimër për të përgatitë gjellën me lakra, groshën, için e japrakut, etj. Gjithashtu, përdoren edhe në verë me zarzavatet e stinës, për t'i dhënë më shumë shije. Por, më parë duhen lënë pak kohë në ujë, që t'i ikë sasia e madhe e kripës.

☰ Proshutë derri me erëza

Proshuta e derrit, meqë është shumë e kripur, përpara servirjes në disa familje, i është nënshtruar këtij përpunimi: Në një tenxhere me ujë, zien disa gjethe dafine. E lë sa të ftohet dhe pastaj merr kofshën apo shpatullën e thatë të derrit dhe e shpërlan më këtë ujë, që të largohet sasia e madhe e kripës.

Në një tas, përgatitë këtë përzierje: hudhra të shtypura, piper, spec djegës pluhur dhe paksa vaj. Pasi i ke përzier mirë bashkë, këtë salcë ia ngjesh kofshës në të gjitha anët.

E var edhe një herë proshutën në tra, që të thahet e të përthithë erëzat. Pastaj e shërben të prerë në feta të holla, si antipastë.

☰ **Mish derri me qumësht**[51]

Mishin e derrit pasi e ndan në copa, e vë të skuqet në një tenxhere me vaj. Pastaj i hedh pak ujë dhe kur mishi të jetë në gjysmë të zierjes, shton qumësht, kripë e piper dhe e lë të ziejë sa të mbetet me pak lëng.

☰ **Mish derri me vezë**[52]

Mishi i kurrizit të derrit pritet në copa të vogla. E vë të ziejë në një tigan të gjerë me pak ujë e kripë. Kur të jetë zier e lëngu të jetë shterrë krejt, i shton piper, pak tlyn si dhe vezë të rrahura. I lë në zjarr që të skuqen bashkë, duke i përzier vazhdimisht që të mos ngjiten vezët. Më pas i heq nga zjarri që të mos forcohen copat e mishit.

---

51 Koliqi, Ernest. *Gjellë të vendit t'onë*, rev. *Shêjzat*, Romë, 1972, nr.5-8, f. 261

52 **Mish thjut me voe**. Me marrë peshkun e thjut e m'e pré grima të vogla e me vû m'e zie m'nji fultere me krypë, pak új e n'e mbram me i qitë pak tlyen e kur të jenë kuqë e zie me rrahë voe të bardh e të kuq bashkë e pak byber e me i fërgue me kët mish e voet me ndej tuj i përzie qi mos të njiten e me i lanë but qi mos të forcohen. Shih: Po aty, f. 258

≡ Mish derri i lidhur

Merret një pjesë pa yndyrë nga kofsha e derrit, shtypet mirë me çekiçin e kuzhinës duke i dhënë formë drejtkëndëshe. Më pas i hedh kripë e piper dhe e lyen me pak vaj.

Rreshton mbi të, në të gjithë gjatësinë, kokrra vezësh të ziera dhe e mbështjell mishin në formë roleje duke e lidhë me spango.

Vendos rolenë në një tavë të lyer me vaj dhe e fut në furrë. Gjatë pjekjes i shton nga pak ujë dhe e rrotullon herë mbas here. Kur piqet, e lë të ftohet dhe pasi i heq spangon, e pret në copa rrethore. Në një pjatancë, vendos të shtrira copat e rolesë, në mënyrë që të duket e verdha e vezës në mes të secilës copë.

≡ Kokë qengji me mendër

Koka dhe qafa e bagëtisë së imët skuqet në një tenxhere me tlyn dhe i shtohet ujë që të ziejë. Ndërkohë, në një enë tjetër, skuq një qepë të vogël, kripë, salcë e pak ujë. E lë në zjarr të ziejë dhe në fund, shton 1-2 lugë miell të shkrirë më parë në ujë. Kur mishi të jetë gati për t'u heqë nga zjarri, i shton një tufë mendër të grirë.

≡ Mish qengji me qepë të njoma e mendër

Në një tenxhere me tlyn ose vaj ulliri, skuq copat e mishit të qengjit dhe qepët e njoma të grira, kryesisht bishtat. Më pas shton kripën dhe ujin. E vë mishin të ziejë.

Ndërkohë, përzien në një tas pak miell, piper e men-dër. Nga fundi i zierjes, i shton mishit këtë përgatitje dhe pasi e përzien mirë e heq tenxheren nga zjarri. Sipas dëshirës, në fund, mund të hedhësh në tenxhere edhe një vezë të rrahur.

☰ **Jahni qengji**[53]

Merr ¾ kg. kofshë qengji dhe një kokë. Pret mishin në copa dhe i skuq në tigan së bashku me 1 qepë të grirë hollë. Më pas shton pak majdanoz dhe kur të jetë skuqur e heq nga zjarri duke shtuar 1 lugë miell. Pasi e përzien, shton ujë ose lëng mishi dhe e vë të ziejë. Në fund, hedh vezë të rrahur të përzier me uthull dhe pasi i përzien mirë e heq tenxheren nga zjarri.

☰ **Kabuni**

Kabunia më e mirë, përgatitet me mish dashi. Mishin e dashit e pret në copa dhe e kavërdis në një tenxhere pa yndyrë, bashkë me qepën. Më pas shton kripë, piper, nerden (salcë domatesh), uthull, pistil dhe pak sheqer. Hedh edhe ujin dhe e lë të ziejë në zjarr të avashtë, në vatër.

Në një tenxhere tjetër, kavërdis qepën, orizin dhe rrushin e thatë. Shton aty edhe gështenja të pjekura dhe pak kanellë. Këtë masë e hedh në një tavë dhe sipër i shton mishin me lëng. Orizi me lëngun e mishit duhet të jenë në masën 1 me 3. Tavën e pjek në prushin e vatrës ose e fut në furrë.

---

53   Koliqi, Ernest. *Gjellë të vendit t'onë*, rev. *Shêjzat*, Romë, 1972, nr.5-8, f.259

☰ **Mish me oriz në tavë**[54]

½ kg. mish dashi e ndan në copa dhe e zien në një tenxhere me ujë.

Skuq në një tigan me tlyn, 2-3 qepë të prera hollë dhe shton 3 filxhanë kafeje oriz, duke vazhduar skuqjen. E shtron përgatitjen në një tavë dhe vë sipër copat e mishit, piper e kripë si dhe pak nga lëngu i mishit. Tavën e vë në furrë që të piqet.

☰ **Ferlik**

Dashin ose qengjin, e pastron nga të brendshmet dhe e lan mirë.

Përgatit në një enë mbushjen me: mëlçitë e grira të bagëtisë, bukë gruri ose samuna të ndarë në kubikë, rrush të thatë, kripë e piper.

Mbush nga brenda bagëtinë me këtë iç dhe e përshkon në hell. Hellin e mbështet mbi dy mbajtëse hekuri dhe rri duke e rrotulluar për disa orë, në zjarr të avashtë, derisa mishi të jetë bërë nga të gjitha anët.

☰ **Shishqebapë**[55]

Merr mish viçi (kofshë), e pret në copa të vogla dhe e vë në hell. Por, duhet që pas çdo cope, të vësh pak mish derri të bardhë, proshutë të prerë hollë dhe nga një gjethe sherebele. I hedh copave kripë e piper dhe gjatë pjekjes i lyen shpesh me vaj dhe pak tlyn.

---

54   Koliqi, Ernest. *Gjellë e ambëlsina të vendit t'onë*, rev. *"Shêjzat"*, Romë 1972, nr.1-4, f. 64

55   Koliqi, Ernest. *Gjellë të vendit t'onë*, rev. *Shêjzat*, Romë, 1972, nr.5-8, f. 261

☰ **Shishqebapë me mish dhe mëlçi viçi ose derri**[56]

E vë mishin në hell si më sipër, por pret në copa edhe mëlçinë e bagëtisë. Copat e mëlçisë i vë të gjitha në njërën anë të hellit, sepse duan më pak kohë sesa mishi për t'u bërë.

Dogana e Shkodrës
Foto: K. Marubi. 1900-1919

---

56   Po aty, f.261

Receta gatimi me mish të grirë

☰ Kimë me mish të grirë e vezë

Skuq në një tigan me vaj, 3-4 qepë të grira në kubikë. Shton rreth ½ kg. mish viçi (ose bagëtie të imët) të ndarë në copa të vogla, dhe pasi e kavërdis mirë, hedh ujë që të ziejë mishi. Kur kima është pothuajse gati, shton kripë, piper e rigon. E lë në zjarr sa të shterret lëngu, pastaj i hedh sipër vezët sy ose të rrahura, për aq persona sa janë të pranishëm. E lë kimën në zjarr sa të mpiksen vezët.

Një tjetër mënyrë përgatitje është: Pasi përgatit kimën, e hedh në një tavë, sipër hedh vezët që i spërkat me pak vaj ulliri dhe e fut për pak kohë në furrë.

☰ Pashaqofte me salcë, pistil e kumbulla të thata

Përgatit brumin e qofteve: Merr 1 kg. mish të grirë dhe e përzien me 1 qepë të renduar, 4-5 thelpinj hudhër, majdanoz, mendër, kripë e piper, pak bukë të lagur e të shtrydhur mirë si dhe nja 2 lugë gjellë miell. Këtë brumë e ngjesh fort me dorë dhe pastaj e ndan në topa. Me dorë, u jep qofteve formë vezake. I lyen në miell dhe i skuq në një tigan, pasi është ngrohur mirë vaji.

Salca: Në atë yndyrë ku u skuqën qoftet, skuq 3-4 thelpinj hudhër, shton 1 lugë gjelle miell, i shuan me 2 lugë gjelle verë ose uthull, pastaj shton pak ujë. Hedh salcën e domateve, 2 gjethe dafine, 4-5 kokrra kumbulla të thata, një copë pistil dhe paksa sheqer. E lë salcën të bjerë në valë me zjarr të avashtë.

Kur lëngu të trashet pak nga mielli, shton qoftet e skuqura dhe i lë sa të bien së bashku në valë. Ose ndan qoftet nëpër pjata dhe i hedh sipër salcën e përgatitur.

☰ Qofte me iç[57]

Grin ¼ kg. mish lope. E përzien mirë me kripë, piper e pak miell. Merr nga pak prej brumit të përgatitur dhe i jep formën e sferave të vogla, sa një kokërr arrë. I skuq qoftet në një tigan me tlyn.

Heq qoftet nga zjarri dhe në atë yndyrë shton miell dhe e skuq pak. Shton më pas 2 gota ujë të ftohtë që të bëhet një salcë e hollë. I shton 2 thelpinj hudhre të shtypura, kripë, 2-3 lugë uthull dhe e vë përsëri në zjarr sa të marrë valë. Këtë salcë, ia hedh qofteve sipër kur i shërben.

---

[57] **Qyfte me iç.** Me shtypë nji qerek oket mish lopet e me i qitë krypë e byber e pak miell grunit e m'e përzie mirë e mandej me i bâ rrumbullak sa nji arrë të vogël e m'e fergue në tlyen në nji fultere, e mbasi të jenë fërgue me i hjekë qyftet prej tlyenit e me i qitë në nji çini e m'at tlyen qi janë fërgue qyftet m'e kavërtisë miell deri sa të kuqet e mandej me i qitë dy gota új të ftoftë qi me ndejë hollë si salca e me i qitë edhe dý thalba hudret të shtypun fort, krypë e 2 o 3 lugë ufull si të jenë qefi e mandej me i dhânë dy valë e me ja qitë sypri qyfteve. Shih: Koliqi, Ernest. *Gjellë e ambëlsina të vendit t'onë*, rev. *"Shêjzat"*, Romë 1972, nr.1-4, f. 64

☰ **Qofte me kos**[58]

Qoftet me kos përgatiten si ato me iç, por pa uthull dhe në vend të ujit i hidhet kos, pastaj i shton hudhër e kripë.

☰ **Qofte me domate**[59]

Merr ½ kg. mish të grirë lope dhe i shton kripë, piper, pak kanellë, majdanoz të prerë hollë dhe bukë të grirë. Përzihen të gjitha bashkë e më pas i jep formën e një kokrre arre. I skuq në tigan me tlyn.

Te po ai tigan shton dy qepë të prera trashë, domate të grirë, pak kanellë e majdanoz. I zien me pak ujë e pak grimca mishi ose me lëngun e kockave. Më pas shton aty edhe qoftet, duke i lënë në zjarr derisa të mbeten në lëngun e vet.

☰ **Pulpeti**[60]

Grin në rende 1 qepë dhe e skuq në tigan me tlyn, ku shton dhe majdanozin.

Në një enë përzien mishin e grirë të lopës me qepën e skuqur dhe shton kripë, piper, kanellë, arrëmyshk (noce moscata), një vezë dhe bukë të grirë. I përzien të gjitha së bashku, dhe pastaj merr sasi të vogla nga brumi e u jep formë të rrumbullakët dhe të shtypur. I lyen në vezë e më pas në galetë (bukë e thekur e grirë) dhe i skuq në tlyn.

Përgatit salcën: 2 qepë, të cilat pasi i pret hollë, i kavërdisë dhe shton domate, majdanoz, kripë, piper

---

58   Koliqi, Ernest. *Gjellë e ambëlsina të vendit t'onë*, rev. "Shêjzat", Romë 1972, nr.1-4, f.65

59   Po aty, f.65

60   Po aty, f.65

dhe lëng mishi. Kur të jetë zbutur qepa mirë, këtë
masë e shtrydh në sitë dhe e vë prap në tigan të
marrë një valë me pulpetit. I hedh pak kanellë dhe i
lë në zjarr derisa të mbeten në lëngun e vet.

☰ Paçaqyfte[61]

Grin ¼ kg mish lope dhe i hedh kripë, piper,
një qepë të grirë hollë të pa kavërdisur, një vezë,
majdanoz e pak miell gruri që të bëhet një brumë i
butë. Merr me dorë pjesë nga brumi dhe i jep formë
rrethore si pulpetave, por më të rrafshëta dhe i skuq
në një tigan me tlyn.

---

61   Po aty, f. 65

Shoqëria Kulturore Otomane Myslimane.

Foto: Kel Marubi

Dalja nga kisha
Foto: Kol Idromeno

Festat

Kur flasim për festat, vetvetiu mendja të shkon edhe tek të mbledhurit me familjen apo me një grup shoqëror, për të shijuar së bashku ushqimin e përgatitur me këtë rast. Festat dhe ushqimi janë një kombinim perfekt.

Festat në qytetin e Shkodrës, përveç Vitit të Ri, kanë pasur dhe kanë karakter fetar. Festat e imponuara në kohën e komunizmit, si 1 Maji etj, edhe pse në Shkodër ishin shënuar kremtimet e para, asnjëherë nuk zunë rrënjë. Prandaj edhe unë i kam grupuar festat, sipas tre besimeve fetare që kanë bashkëjetuar në qytetin e Shkodrës.

Për të dëshmuar më së shumti, se cilat ishin traditat e hershme në përgatitjen e sofrave, si një pjesë e rëndësishme e ritualit festiv, jam përpjekur të sjell disa nga gatimet karakteristike të përgatitura në këto raste, bashkë me atmosferën e festës.

FESTAT E MYSLIMANËVE

Netët e Mëdha (të Mira). Tre prej këtyre netëve, kremtohen para Ramazanit, kurse e katërta, ajo e Natës së Kadrit kremtohet gjatë muajit të Ramazanit. "Natën e festës zakonisht përgatitej hallvë. Zonja e shtëpisë ua shpërndante të mëdhenjve, të vegjëlve e shërbëtorëve nga një top hallvë. Rezervonte edhe disa topa hallvë për fqinjët apo gjininë. Përveç hallvës, familjet në gjendje të mirë ekonomike u shpërndanin edhe simita të varfënve. Të gjitha dhomat ndriçoheshin fort e kujtoheshin shpirtat e të vdekunve, me lutje edhe me lëmosha". [62]

Festa e Ramazanit. "Përveçse mueji i bamirë-sive, Ramazani ishte edhe i gostive, vizitave dhe grumbullimeve gjatë mbramjes. Për të lajmëruar çeljen e yftarit, shprazej një top në kala, kurse lodrat lajmëronin përgatitjen e syfyrit. Furrat, përveç llojeve të ndryshme të bukës, piqnin edhe dy lloje samunash: për yftar të lyeme sipër me një lloj pekmezi, dhe për syfyr, të thjeshtë. E ndaluar kategorikisht është pija alkoolike. Në sofër si fillim vihej supa e përgatitur me makarona të imëta, ose prej orizi. Përreth saj shtrohej yftarlleku: petulla të thata, qeleposhe (me hudhra e kos), ullinj, hurma, djathë, reçelna, të gjitha të ndame në pjata të vogla. Po qe se kishte miq ose krushqi, atëherë yftarlleku ishte ma i pasun. Shtoheshin mafishe, hajmali, shurup etj. Mbas këtij nisnin gjellët me radhë: Ma parë një kimë me vezë, mandej peshku me uthull, ambëlsinë e randë: bakllava, kadaif, haxhimakulle ose gjylaç. Mbas këtyre: qofte me kos, pite me perime e djathë ose me kos e vezë, mish pule i fërguem ose paçaqyfte të thata, zarzavate simbas stinës e ma në fund ambëlsinat e lehta njena mbas tjetrës: syltiash, muhalebi, pelte dhe hoshaf. Shpejt mbas yftarit u sillej mysafirëve limonata, ose hardiç, kafe e cigare. Kurse për syfyr zakonisht përgatitej: paçamur me samuna e lang mishi, mish me lang, jahni ose në ndonjë formë tjetër, pilaf me kos e ma

---

62   Bushati, *Hamdi. Shkodra dhe motet, vëll.I*, Shkodër, 1998, f. 381

në fund syltiash ose muhalebi. Mbas buke pihej kafe e cigare derisa vinte koha e ndalimit të ngranies e të pimjes"[63].

Bajrami i Madh është finalja e 40 ditëve të Ramazanit. "Vizitat vazhdonin dy ditë dhe paraditen e ditës së tretë, kurse mbasditja ishte për vizitat e grave, sidomos të nuseve që shkonin në gjini. Natën e tretë zakonisht thirreshin dhandurrët në gostë ku priteshin me mishna e ambëlsina".[64] Disa nga gatimet që përgatiteshin në këto ditë ishin: çorbë me lëng mishi, mish jahni, byrek me qepë e mish, etj. Ëmbëlsira kararkteristike e Bajramit ishte bakllavaja dhe kadaifi me kajmak. Pijet që shërbeheshin në këtë festë ishin: shurup me thana, hardiç, musht, raki, verë.

Bajrami i Vogël që thirret edhe Kurban Bajrami, kremtohet mbas dy muaj e dhjetë ditësh. Ndër të gjitha familjet bëhet fli nga një dash. Çereku i bagëtisë konsumohet në familje, kurse treçereku i ndahet të varfërve pa dallim feje. Disa nga gatimet për këtë festë ishin: sallata të stinës, mish i pjekur në hell ose në furrë, koka e bagëtisë e zier me mendër, byrek me perime, bakllava, kadaif me kajmak, shurup trëndafili, mushti, që sillej me damixhanë si dhuratë për festën, hardiç, raki e venë.

---

63   Bushati, *Hamdi. Shkodra dhe motet, vëll.I*, Shkodër, 1998, f.375, 378-381

64   Po aty, f.378-381

FESTAT E KATOLIKËVE

Karnevali fillon një javë para së Enjtes së Majme. Ditën e enjte, që thirrej edhe e "Enjtja e bijave", ishte zakon që vajzat të vinin në gjini me gjithë fëmijët. "Gjithë ajo javë shkonte me gosti me petulla, etj. Të martën që ishte dita e fundit, ishte zakon që përveç gjellëve të tjera, të mbyllej festa me ndonjë pulë të skuqun".[65] Në darkë laheshin mirë të gjitha tenxheret e tiganët nga yndyra, sepse të mërkurën fillonte krezhma dhe nuk hahej mish për 40 ditë.

Pashkët si përkujtim i ringjalljes së Jezu Krishtit, festoheshin për tre ditë me radhë. "Javën e madhe, secila familje, edhe ma të vorfnat, u pregaditshin me mbledhë voe për me bâ përpeqin simbas zakonit të vendit dhe e quejshin si të detyrueshme me e bâ e me e bekue në Kishën e Madhe. Për Pashkë u ngjyejshin edhe nji sasi voesh të kuqe, e me ngjyra të tjera të ndryshme, për me ia falë fëmijëve. E ky ishte edhe gëzimi ma i madh i tyne, pse bajshin shumë vizita ndër miq e ilaka. E mandej nuk pritojshin me dalë në rrugë me u pikë vezësh me fëmij të tjerë, e fitonte ai që kishte voen ma të fortë. Ma në fund, për me përcjellë këtë festë me harmoni ishte zakon me u mbledhë në nji shpi për me ba heng deri në mesnatë".[66] Për drekën e Pashkëve, që ishte të dielën, gatuhej përgjithësisht mish qengji, pasi Pashkët bien gjithmonë në pranverë. Qengji piqej në furrë vetëm ose me patate, ose gatuhej jahni. Shoqërohej me qepë të njoma dhe sallata të njoma të stinës. Si ëmbëlsirë,

---

65   Po aty, f.374

66   Rrota, Simon. *"Po shkruej për vedi e Shkodrën"*, Shb. *Fishta*, Lezhë, 2018, f. 58, 70

përveç përpeqit përgatitej edhe fugacë. Meqë përpeqi bekohej në kishë, fugaca më së shumti përgatitej për të qerasur miqtë e besimit mysliman, që vinin për të uruar këtë festë.

Festa e Zojës së Shkodrës kremtohet të hënën, mbas të dielës së tretë të tetorit. Zakoni ishte që një natë përpara, në oborrin e Kishës së Madhe, të mblidhen jo vetëm qytetarë, por edhe fshatarë e malësorë. "Gëzimi e festa vazhdonte deri në mbramje. Të gjithë ata njerëz qi kishin ardhë miq, gjejshin strehim ndër shpijat e shkodranve e kaq asht e vërtetë, sa nuk kishte shpi qi nuk kishte miq. Secila familje, sado e vorfën, u përgaditte për me pritë mysafirë, jo vetëm për atë natë, por edhe për të nesërmen për misditë, tue hangër e tue pi, kërcime e kangë simbas zakonit".[67] "...miqtë binin me vete edhe dhurata, gjana ushqimore si: bukë të gatueme në qeth, djathë etj. Për miqtë e ardhun nxirrej raki e meze dhe mandej shtrohej sofra me: sallatë, mish jahni, mish me tavë orizi e ndonjë ambëlsinë, si kadaif ose tespixhe"[68].

Shënkolli kremtohet në darkën e datës 5 dhjetor, prej të gjitha familjeve katolike. Dikur çdo familje therte një gjel ose një derrkuc dhe ndizej një qiri i trashë për ta vendosë në mes të sofrës.

Krishtlindja kremtohet me datë 24 në darkë dhe ditën e 25 dhjetorit. Zakoni ishte që secili ta festonte me familjen e vet. "I zoti i shpisë, fillonte lutjet e të

---

67   Rrota, Simon. *Po shkruej për vedi e Shkodrën*, Shb. *Fishta*, Lezhë, 2018, f.67-68

68   Bushati, Hamdi. *Shkodra dhe motet*, vëll.I, Shkodër, 1998, f.374

62

tjerët u përgjigjshin. Kur mbarojshin të lutunat, atëherë fillojshin urimet me atë të famshmen raki e përcjellun me meze. Sofra atë natë, tue kenë se ishte ngjinesë[69], ishte me hêna të thjeshta, kryesisht me peshk. Mbas buke fillonte festa deri në mesnatë, qi ishte koha me shkue në Kishë. Ne nesre, ishte zakon me shkue me bâ vizita ndër miq e ilaká".[70] Natën e Krishtlindjes, përveç peshkut përgatitej edhe lakrori me qepë. Ndërsa, të nesërmen që ishte dita e festës, për drekë veç mezeve dhe sallatave, gatuhej mish gjeli ose pate me pilaf ose me petë. Si ëmbëlsirë shërbehej tespixhja.

FESTAT E ORTODOKSËVE

Festa e shtëpisë. Secila shtëpi ortodokse e kishte të caktuar apo të zgjedhur ditën e festës së saj, që ishte dita e një shenjti. Atë ditë priten miq e mysafirë për urime. "I zoti ose e zonja e shtëpisë përgatitë një bukë, një pjatë me grunë të shtypun e të ziem dhe të spërkatun me sheqer dhe një gotë venë. Këto ushqime vjen e i bekon popi. Në këtë ditë paradite vijnë burrat për urim e priten me nderime e qerasen me pije, meze e ambëlsina. Masdite priten vizita grash, u qiten kafe, venë e një kokërr mollë, mandej iu shtrohet para një fugacë ose bakllavë".[71] Në darkë shtrohet sofër me mish qengji apo gici në varësi të stinës, japrak, qefull ose ndonjë lloj tjetër peshku, havjar blini, venë, raki dhe ëmbëlsira.

---

69   Krezhmë
70   Rrota, Simon. *Po shkruej për vedi e Shkodrën*, Shb. *Fishta*, Lezhë, 2018, f. 72
71   Po aty, f.392

Pashkët. Të enjten para Pashkëve, ziehen dhe lyhen vezët e kuqe. Këto quhen "vezët e të Enjtes së Madhe". Lyhen aq kokrra vezë, sa janë pjesëtarët e familjes dhe një kokërr më shumë, që vihet pranë ikonës, deri në Pashkët e ardhshme. Vezët bekohen të shtunën në darkë, në meshën e mesnatës. Të dielën në mëngjes, të gjithë pjesëtarët e familjes mblidhen te tavolina dhe marrin nga një kokërr vezë të bekuar, e ndeshin me njëri-tjetrin dhe thonë urimin "Krishti u ngjall, vërtet u ngjall"! Pas kësaj prishin krezhmën që mbahej para festës, duke ngrënë vezën e bekuar. Në drekën e Pashkëve serviren meze me raki, pastaj shtrohen në sofër sallata, mish qengji i pjekur në furrë, venë dhe si ëmbëlsirë serviret fugacë.

Krishtlindja. Si rregull para Krishtlindjes, mbahet një javë krezhmë. Për darkë përgatitet lakror me qepë dhe peshk. Ditën e Krishtlindjes paradite, pasi kthehen në shtëpi nga mesha, ku merret kungimi, shtrohet sofra me petulla, djathë, mjaltë e reçel. Disa familje e kishin traditë të përgatitnin edhe qeshkek. Për drekën e Krishtlindjes gatuhet gjeli i detit i pjekur në furrë me patate ose i mbushur.

Grup gjuetarësh.
Foto Kel Marubi. Pa vit

Receta për shpend shtëpiakë dhe mish gjahu

I mjeri mish, qi s'han mish

Gjahu është i lidhur kryesisht me liqenin e Shkodrës dhe rrethinat e tij. Sipas Profesor Dhimitër Dhorës[72] në Pellgun e Liqenit të Shkodrës janë evidentuar 282 specie shpendësh, që i takon rreth 55% e numrit të specieve të krejt Europës, ndër të cilat 112 janë specie ujore. Vlerësohet që në kohën e maksimumit të migrimeve, zakonisht në fund të vjeshtës, në Liqenin e Shkodrës mblidhet mesatarisht një numër prej afër 250.000 individësh të shpendëve ujor. Liqeni në dimër është si aeroport për rosat, kryekuqet, zhytrrat, bajuklën, karabullakët, pulë-bardhat, pelikanin kaçurrel, çapkat, cinglat, shepkat e ujit, etj.

Për këtë zeje të ushtruar në Shkodër, na njofton edhe Hamdi Bushati në librin e tij: "Rrethinat e Shkodrës që në kohë të hershme kanë pasë vende të përshtatshme gjuetie si: Bregu i Bunës, Fusha e Trushit, pyjet e Ballgrazhdit, këneta e Balldrenit e deri në Shëngjin, ishin vende gjuetie për rosa, pata të egra etj. Kurse prozhmet e Anës së Malit, të Bushatit, të Malësisë ishin vende gjuetie të lepujve, dhelprave etj. Në fushat e Nënshkodrës ndër brigje të lumenjve, gjuheshin shkurta, turtulli e të tjerë shpend të egjër. Në Pazar, kishte një shesh të gjanë me një man të madh

72   Dhora, Dhimitër. *Liqeni i Shkodrës.* Sh.b. *Camaj-Pipa*, Shkodër 2005. f.149, 218

në mes, ku katundarët shitnin shpend shtëpiakë si pula, rika, pata, shpend gjuetie të vramë si: shepka, shkurta, turtuj, vezë etj. Ky treg zgjatej deri nën urën që populli e quante "Ura e pulave" ose e "voeve". Por edhe në mjaft familje shkodrane rritja e pulave ose e rikave në shtëpi, ishte artikull me randësi, sepse si mishi, si vezët e tyne ishin të shpejta me përgatitë gjellë ekonomike e të shijshme"[73]

☰ Zog pule jahni[74]

Një zog pule, duhet të nxjerrë dy pjata gjellë. Ndan zogun në 5-6 pjesë dhe bashkë me 1 qepë të grirë hollë e vë të skuqet në një tigan me yndyrë. Pastaj shton pak domate të grira dhe një lugë miell. E përzien mirë dhe i shton ujë ose lëng mishi që të ziejë. Pasi të jetë zier mishi, shton kripë e piper si dhe një vezë të rrahur, të cilën e përzien më parë me një sasi nga lëngu i mishit me ngadalë që të mos mpikset veza, dhe ia shton mishit në tenxhere.

---

73   Shih: Bushati, Hamdi, *Shkodra dhe motet,* vëll.II, Shkodër 1999, f.311, 379; vëll.I, 1998, f.227

74   **Zog pule jahni.** Me pré nji zog pulet 5 o 6 copash e m'e vû m'nji kusi m'e kavërtisë me nji qepë të préme hollë të vogël me tlyen derisa të kuqet e tuj qitë ka pak mollatartë, e mbasi të jenë kuqë m'e hjekë prej zjermit e me i qitë nji lugë miell grunit e m'e përzie mirë e mandej me i qitë új deri sa të mblohet zogu i pulës o lang mishit në vend t'ujit se del mâ i mirë e me vû me e zie e krypë e byber e mbasi të jenë zie me rrah nji voe të kuq e të bardh bashkë e me i qitë kët jahni, por langun duhet me ia qitë kadalë voes qi mos të piqet voeja e mandej me ia qitë sypri zogut të pulës me kadalë. Lang duhet me bâ nji pulastro (zog pule) për dy çinija. Me pré bukë hollë për kush të doen në sofër m'e qitë mbrendë në kët lang të zogut të pulës. Shih: Koliqi, Ernest. *Gjellë të vendit t'onë,* rev. *Shêjzat,* Romë, 1972, nr.5-8, f.258

Në sofër vendosen edhe copa buke të prera hollë, nëse dikush dëshiron që ti hedhë në pjatën ku është shërbyer jahnia.

☰ Patë, gjel deti ose pulë e mbushur në furrë[75]

Merr një patë, gjel deti ose pulë, e lan dhe e pastron.

Përgatitja e içit për mbushjen: Skuq në yndyrë qepë të prera hollë, majdanoz, mëlçitë e shpendit dhe kripë e piper. Kur e heq nga zjarri shton pak rrush të thatë si dhe 2-3 feta bukë të bardhë të grirë. I përzien të gjitha bashkë, duke i shtuar edhe pak sheqer. Këtë masë, e vë për pak kohë në zjarr, duke i shtuar shumë yndyrë.

Mbush shpendin me için e përgatitur dhe e qep me spango. Pasi e vë në tavë, e lyen sipër me yndyrë, shton kripë e piper dhe e vë të piqet në furrë.

☰ Pite me pulë

Në një tenxhere me ujë zien pulën (ose patën). Ndërkohë zë brumin me vezë dhe hap petët.

---

75   **Patë, bibë o pulë e mbushnn, të pjekun në furrë.** Me marrë patë o bibë o çka të jenë m'e krypë e me i qitë byber e mandej me e mbushë e, mbasi të jenë mbushë m'e qepë me pê, se ndryshe i del içi, e mandej m'e pjekë në furrë e sypri me i qitë tlyen. Içi bahet: mâ parë me kavërtisë me tlyen pak qepë të preme hollë me tlyen mjaft e mardanoz, e 3 o 4 mushkëni pulash në copa as të vogla as të mëdhaja e me i fërgue me i fërgue bashkë me qepë. Mandej m'e hjekë zjermit e me i qitë pak rrush pa bërthamë e 2 o 3 bukë (të bardhë) copa të vocra e krypë e byber. Me i përzje tanë bashkë e pak fort sheqer, si të jetë qefi, e mandej me i vû pak në zjerm, por tlyen duhet me pasë mjaft se buka e pi e mandej e mbushë me këtë iç. Shih: Koliqi, Ernest. *Gjellë të vendit t'onë*, rev. *Shêjzat*, Romë, 1972, nr.5-8, f. 260

Shtron petët në tavë dhe i hedh sipër pak tlyn. I pjek në furrë me temperaturë të ulët. Rreth gjysmë ore para servirjes i përvëlon petët me lëngun e ngrohtë të mishit dhe e mbulon tavën me një kapak apo tavë tjetër sipër.

E ndan petën e përvëluar në feta dhe e shërben në pjatë të shoqëruar me mishin e pulës.

☰ Patë e pjekur në furrë me petë poshtë[76]

Patën e qëruar dhe të pastruar, e lan dhe e vë në një tavë. Sipër i hedh kripë, piper, tlyn dhe e pjek në furrë. Ndërkohë, përgatitë petën sfoliat, e shtron në një tavë me madhësi mesatare dhe e pjek. Pastaj petën e pjekur e vë në një pjatë të madhe. Ndan patën në copa dhe e vë mbi petën. Sipër i hedh lëngun e nxehtë që ka lëshuar pata gjatë pjekjes.

☰ Lepur në uthull[77]

Lan mirë lepurin dhe e lë të kullojë.

Në një tenxhere hedh 2 litra uthull, 4 gjethe dafine, 4 thelpinj hudhër e pak rozmarinë, kripë e piper dhe i lë të ziejnë. Këtë përzierje, ia hedh lepurit sipër dhe e mbulon me një pjatë mbi të cilën vë një peshë. E lë ashtu për 24 orë, duke e kthyer lepurin

---

76   **Patë e pjekun në furrë me petë nën tê.** Me pjekë patën në furrë me krypë e byber e me tlyen. Mbasi të jetë pjekë m'e bâ nji sfoglita (petë të hollueme vendue njâna mbi tjetrën) në nji teqe jo të vocërr e mandej m'e lânë gjith unji e m'e vû në nji çini rrumbullake e m'e pre patën në copa, m'e vû sypri kësaj petë e me i qitë langun e patës sypri. Shih: Koliqi, Ernest. *Gjellë të vendit t'onë*, rev. *Shêjzat*, Romë, 1972, nr.5-8, f.260

77   Po aty, f.261

herë pas here.

Ndërkohë, shtyp fort një copë pakë derri, i shton 1 thalb hudhër dhe e vë të ziejë në një enë me yndyrë.

Kur ka mbaruar koha e marinimit, merr lepurin dhe e ndan në katër copa. Pasi e skuq mirë lepurin bashkë me kokën, sepse e bën lëngun e mirë, i hedh lëngun që lëshoi proshuta gjatë zierjes, pak lëng nga ai ku u marinua lepuri, 2 gjethe dafine e pak rozmarinë dhe e vë të ziejë. Gjatë zierjes i shton mjaft tlyn, se i jep më shumë shije dhe e ndihmon lëngun të trashet. Në fund e lë lepurin me pak lëng. Para se t'a shërbesh, i duhet hequr koka, gjethet e dafinës dhe rozmarina.

☰ Lepur me verë të bardhë[78]

Lan mirë lepurin dhe e lë disa orë në ujë e uthull. Më pas pret hollë një copë pakë derri dhe pak hudhër. I vë në një tenxhere ku ke hedhë tlyn dhe vaj ulliri, aty shton një qepë të grirë dhe lepurin e ndarë në copa. I skuq mirë e pastaj i shton lëng mishi, një gotë verë të bardhë, rozmarinë, kripë e piper. E vë të ziejë dhe e lë me pak lëng.

---

78 **Lepur me venë të bardhë.** M'e la leprin fort e fort me uj e mos me i lanë aspak gjak e mandej m'e lanë nja disa sahat n'uj e n'ufull e mandej me i shtypë hollë nji copë pakë thjut të bardhë përshutet me nji thelb hudret e gjysë tlyen e gjysë voj të mirë e m'e vu në teqe me nji qepë jo fort të vogël të preme hollë e leprin m'e ba copa copa e m'e vu bashkë me qepë e m'e kavertisë mirë e mirë, deri sa të kuqet e mandej me i qitë lang mishit, deri sa të bahet e nji gotë venë të bardhë e pak rozmarinë, krypë e byber e m'e lanë me pak lang. Shih: Koliqi, Ernest. *Gjellë të vendit t'onë*, rev. *Shêjzat*, Romë, 1972, nr.5-8, f. 262

Gjuetarë.
Foto Pjetër Marubi. Pa vit

Receta për të brendshmet e bagëtive

Kollomoqi i ri,
qét bukën ma t'âmel

☰ Tru viçi të skuqura si petulla[79]

Zien më parë trutë për pak kohë dhe u heq cipën. I hedh në një kupë dhe i përzihen me lugë, sa të bëhen të njëtrajtshme. Shtojmë më pas kripë, piper, një vezë të rrahur dhe pak miell gruri, që të marrin trashësinë e brumit të petullave. Kur janë përzier mirë, i hedh me lugë në një tigan me vaj që të skuqen. Pas skuqjes, mund t'i hedhësh sipër 2 limona të shtrydhur të përzier me sheqer dhe nja 3 lugë gjelle ujë, sipas dëshirës.

☰ Gjuhë lope e kripur në shtëpi[80]

Gjuhën e lopës e skuq në yndyrë duke i shtuar shumë hudhër, pak rozmarinë e kripë. Pastaj e vë në një enë të cilën e mbulon me një peshë sipër. Pas 24 orësh e nxjerr dhe e vë të ziejë për shumë kohë. Po deshe e bën si mish umido ose e shërben ashtu të zier.

---

79   Koliqi, Ernest. *Gjellë të vendit t'onë,* rev. *Shêjzat,* Romë, 1972, nr.5-8, f.261

80   Po aty, f. 259

☰ Mëlçi shkodrançe[81]

Merr 2 mëlçi qengji e i pret në kubikë të vegjël.
Në një tigan me tlyn, hedh mëlçitë dhe shton qepë të
grirë, kripë, piper e majdanoz. Shton ujë dhe i lë të
ziejnë. Pasi ziejnë, i kavërdisë mirë në yndyrën e vet.
Shërbehen të ngrohta, të sapogatuara, se përndryshe
i ikën lezeti.

☰ Veshka viçi[82]

Merr ½ kg veshkë viçi me gjithë pjesën e dhjamit
dhe e pret në copa të vogla. Grin hollë 2 qepë të vogla
dhe bashkë me copat e veshkës i kavërdisë në një
tigan me pak tlyn dhe pak vaj. Pastaj i shton ujë,
kripë, piper e majdanoz dhe i lë të ziejnë derisa të
mbeten në lëngun e vet, sepse hahen me pirun.

☰ Mëlçi e veshka jahni

Merr ½ kg. mëlçi dhe veshka të lopës ose të viçit,
i pret në copa të vogla dhe i vë në tenxheren me vaj të
nxehtë, që të skuqen. Shton 2 qepë të grira hollë, 3-4
thelpinj hudhër, piper, kripë, një gjethe dafine, pak
verë ose uthull, salcë domatesh dhe pak miell. Shton
ujë dhe i lë të ziejnë në zjarr të avashtë.

---

81   Po aty, f.259

82   **Mushkëni shkodrançe.** Me marrë dy mushkëni
kijash (kingjash), të bardhë e të zezë, tanë bashkë e m'e
i pré grima të vogla por të bardhës me ia pré copat më të
vogla se fryhet e me i qitë qepë të préme hollë, mardanoz,
krypë e byber e pak új e me i vû tanë bashkë me zie m'nji
fultere e mbasi të jenë zie duhet me i kavërtisë mirë me
tlyen të vet, por sa të bâhet me i hangër me shpejt se për
ndryshe i shkon lezeti. Tlyenin me ia qitë kur të vêhet me
zie e tlyen me i qitë mjeft. Shih: Po aty, f.259

≡ **Plëndësa jahni**[83]

Plëndësat i pret në copa të vogla. Në një tigan me tlyn, skuq qepë, i shton plëndësin dhe pak majdanoz. Pasi të skuqen fort, shton pak miell dhe i skuq të gjitha bashkë. Shton ujin dhe i lë të ziejnë. Pasi të jenë zier, hedh ngadalë 1 vezë të rrahur të përzier me 2-3 lugë uthull dhe i heq nga zjarri, duke i lënë me mjaft lëng. Mund të hedhësh në pjatë copa buke të prerë hollë, sipas dëshirës.

≡ **Plëndësa jahni të Nandajës**

Pastrohen plëndësat duke i kruar mirë në ujë me gëlqere. Lahen e shpëlahen me ujë të bollshëm. I ndan në copa të vogla dhe i vë në tenxhere me qepë të grira imët, hudhra, salcë, kripë, piper, pak sheqer dhe ujë. I lë në zjarr të avashtë derisa të ziejnë. Në një enë shkrin pak miell me uthull dhe ia shton plëndësave gati në fund të zierjes.

≡ **Suxhuk**

Merren zorrë derri dhe pasi i lan mirë, i lë të thahen.

Përgatit mbushjen: mish të grirë viçi, mish qengji dhe pak mish derri. Shton spec djegës, piper, kripë, noçi moskata dhe e përzien mirë me dorë brumin e përgatitur. Te makina e mishit, vë si zgjatim një tub, në fillimin e të cilit fut njërin skaj të zorrës. Fut brumin në makinën e mishit dhe bën mbushjen duke e lidhur zorrën në pjesë të barabarta deri në fund. Vargun e përgatitur e vë në një çengel të varur te trarët e tavanit, që suxhuku të thahet në tymin e oxhakut.

---

83   Koliqi, Ernest. *Gjellë të vendit t'onë,* rev. *Shêjzat,* Romë, 1972, nr.5-8, f. 260

☰ Kordha

Zorrët e qengjave të njomë i lan mirë, i çan dhe i kruan mirë me thikë. I pastron me ujë të ngrohtë dhe i shpëlan shumë me ujë të ftohtë. Pasi kullojnë, i thur gërshet duke i futur nëpër të edhe zorrën e trashë, meqë ka shumë yndyrë. Kordhën e vë në tavë që të piqet me pak vaj ulliri, kripë e spec të kuq, jo djegës.

Darsma imagjinare - Xhirimi i një dasme shkodrane
në shtëpinë e M. Kakarriqit.
Foto G. Marubi, 1940

Ceremonialet

Përveç festave kryesore me karakter të drejtpërdrejt fetar, natyrisht që një traditë të fortë në Shkodër kanë edhe kremtimet e ngjarjeve më të rëndësishme nëpër të cilat ecën jeta njerëzore. Kësisoj jam ndalur te ritualet e kalimit, duke filluar nga lindja, martesa e deri te vdekja.

Në traditat e kremtimit të këtyre festave dhe ceremonive, shpesh përcaktohet edhe ku, si, çfarë, pse dhe kur hahet. Prandaj vëmendja ime është përqëndruar te zakonet e shtrimit të sofrave dhe gatimet në këto ceremoni, të cilat kanë karakteristikat e veta për secilin komunitet fetar.

Lindja. Në familjet katolike, prindërit e nuses, dërgonin peshqesh një gjel të gjallë dhe një pjatë me hallvë, kur fëmija i lindur ishte djalë, ndërsa kur lindte vajzë dërgohej vetëm një pjatë hallvë. Gratë që shkonin për vizitë, sillnin dhuratë vezë, numër çift kur lind një fëmijë mashkull e numër tek kur lindë vajzë. Në familjet ortodokse përveç vezëve sillnin dhuratë edhe qumësht.

Përgimi. Ceremoniali i lindjes në familjet myslimane lidhet me përgimin apo gostinë që familja e dhëndrit bën për nder të vjehrrës, nënës së lehonës. "Ceremonia asht e madhe, veçanërisht kur lind djalë. Vjehrra i dhuron djalit apo vajzës së posalindur një apo dy "dupe" (monedha të florinjta turke me vlerën 25 napolonë) dhe dhurata të tjera. Ndër peshqeshe ban pjesë edhe "tasi" i vjehrrës (me revani ose gurabi)".[84] Më vonë këto ëmbëlsira u zëvendësuan me bakllavë dhe haxhimakulle.

Në familjet ortodokse, ceremonia e përgimit kremtohet pasi fëmija pagëzohet. "Thirrej gjinia e nuses me kë të donte. Përveç dhuratave të tjera, nana e nuses sillte edhe një qase (pjatancë) me hallvë.".[85] Kur lind djalë, familja e nuses sjell dhuratë përveç hallvës edhe një gjel.

Pagëzimi i fëmijës te katolikët bëhet me një ceremoni të veçantë në kishë, rreth dy muaj pas lindjes. Ditën e pagëzimit, nuna çon për djalë 6 kokrra vezë, kurse kur famulla është vajzë, 5 kokrra. Mbas mbarimit të ceremonisë fetare, nuni i dhuron foshnjës pesë korona deri në 1 napolon ar. Nuna shkon në shtëpinë e famullit mbas tre ditësh tue sjellë dhurata'.[86]

Ortodoksët, e bëjnë ceremoninë e pagëzimit dhe kungimit pas 40 ditësh që lind fëmija. Mbas kthimit nga kisha, shtrojnë një drekë për kumbarët të cilët sjellin dhuratë sende të arta.

Krezmimi. Kjo ceremoni fetare i bie të festohet në fund të majit, fillim qershori. Dita e krezmimit për djemtë ishte e diela, për vajzat dita e hënë. Zgjidhen nuni e nuna por jo ato të pagëzimit. Ditën kur zhvillohet kjo ceremoni djali ose vajza, dërgohen te shtëpia e nunit/nunës së bashku me dhuratat, që

---

84   Bushati, Hamdi. *Shkodra dhe motet,* vëll.I, Shkodër, 1998, f. 333

85   Po aty, f.333

86   Po aty, f.334

78

ishin: një fugacë, një shishe pije, qumësht, qershi etj. Mbas ceremonisë në kishë, famulli ose famulla shkon përsëri te shtëpia e nunit/nunës ku shtrohet një drekë e madhe për nder të fëmijës që u krezmua. Në mbrëmje, fëmija përcillet në shtëpi të vet bashkë me dhuratat, të cilat për djemtë janë: një dash, orë dore, ëmbëlsira dhe shumë dhurata të tjera. Ndërsa për vajzat bëhen dhuratë nga nuna: unazë, vathë, orë dore e këmisha. Simon Rrota për këtë festë kujton: "Më bjen ndër mend kur nana më veshi me teshat ma të bukura të kostumit nacional. Në kohnat e mia, nuk ishte zakon që nuni me falë kingja, por vetëm nji okë kafe e nji okë sheqer, e qershija".[87]

Synetlleku. "Djemtë myslimanë brenda moshës së fëminisë e kanë për detyrë me u ba synet. Asht ma tepër një zakon fetar, megjithatë shoqnohet me një ceremoni që përgatitet si dasëm duke ftue miq e të afërm për tri ditë. Gjithë të ftuemit duhet me sjellë dhuratë, psh: dash, kafe, sheqer, orë dore, karamele, sende zbukurimi ose të holla."[88]

Marrja e flokëve. Kjo ceremoni, bëhet kur fëmija është në moshën 1-2 vjeç. Kumbara që i pret flokët është zakonisht një mik i afërt i familjes. Mbas këtij ceremoniali, shtrohet drekë për nder të kumbarës. "Kumara i dhuron fëmijës pare, kurse familja e fëmijës i dhuron kumbarës "bahçallek" dhe "tas" me ambëlsina."[89]

---

87   Rrota, Simon. *Po shkruej për vedi e Shkodrën*, Shb. *Fishta*, Lezhë, 2018, f.73-74

88   Bushati, Hamdi. *Shkodra dhe motet*, vëll.I, Shkodër, 1998, f.335

89   Po aty, f.336

FEJESA

"Në familjet myslimane caktohej dita e hane ose e enjte paradite, për me "pi kafet" e fejesës. Ma vonë u veprue ndryshe: kafja pihet të dielën në shtëpi të të fejuemit. Dy djem të rinj sjellin cigare, karamele, mandej vijnë një mbas një, shurupi, kafja, llokumet dhe bonbonat. Me të "pimë kafen", bahen urimet e rastit. Përcillen mysafirët me llokume e karamele deri te dera e oborrit, një tortë e madhe e zbukurueme me kordele i dorëzohet një ma të riut nga krushqit për ta dërgu në shtëpinë e të fejuemes. Mbasi të jetë "pi kafja", shtrohen gosti.

Te ortodoksët, kafet e fejesës piheshin ditën e dielë, në shtëpinë e vajzës. Përnjëherë dërgohej edhe sheji (një unazë ari dhe dhurata të tjera) nga ana e të fejuemit". [90]

Në familjet katolike, "sheji i vogël (një palë uratë), ishte pengu i fejesës që daja i djalit lënte në shpi të vajzës porsa u kryete fejesa. Sheji i madh (nji unazë ari), u dërgote prej vetë djalit dhe ishte pohimi zyrtar i fejesës. Ktë ditë kndoheshin valle si kah djali si kah vajza e zakonisht u caktote edhe data e dasmës".[91] Po atë ditë, familja e vajzës, dërgonte dhuratë te djali, "zymbylin", që dikur ishte një shportë thuprash e punuar bukur, kurse më vonë u zëvendësua me një frutierë prej kristali ose pjatancë prej porcelani. Zymbyli mbushej plot me llokume, biskota, karamele e çokollata dhe rrotull tyre, vendosen dardha prej sheqeri. Pastaj mbështillej me një copë të punuar me

---

90   Bushati, Hamdi. *Shkodra dhe motet,* vëll.I, Shkodër, 1998, f.337, 338

91   *Gjon Kolë Kujxhija - një ilir i ndezun/* Përg. Eno Koço, Tiranë 2018, f.110

grep dhe lidhej me një fjongo. Në disa raste zymbyli është mbështetur te një tabaka e madhe. Anash saj, janë vendosur disa shami të bardha të mbushura me qerasi, si ato që janë brenda zymbylit. Ose, shamitë janë dërguar të palosura, për t'u mbushur sipas dëshirës. Këto shami, i ndaheshin njerëzve të afërt të dhëndrit, që kishin marrë pjesë në këtë ceremoni. Zymbyli, rrinte i ekspozuar për disa kohë, në një vend të dukshëm, në odën e pritjes, te shtëpia e dhëndrit. Njerëzve që shkonin për urim, u shërbeheshin edhe qerasitë nga zymbyli i nuses.

47

PO BÂN MÂGJA CIRRIMÂ.

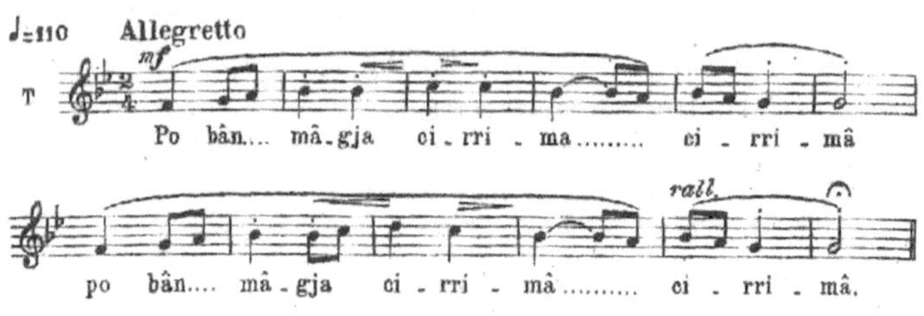

Po bân magja cirrimâ. [1])

Po bân mâgja cirrimâ;
Rrî, se kemi bukë mâ.
Po bân vosga cirrimâ;
Rrî, se kemi rakí mâ.
Bân çengeli cirrimâ;
Rrî, se kemi mish mâ.
Bân fuqija cirrimâ;
Rrî, se kemi vênë mâ.
Bân tepsija cirrimâ;
Rrî, se kemi píte mâ.

[1]) Të hânen masdite kúr shkon miqësija nder
slipija te veta.

---

92   *Gjon Kolë Kujxhija - një ilir i ndezun/* Përg. Eno Koço, Tiranë
2018, f.169, 162

HÂNGRE MJAFT!

Hangre mjaft, e píve mjaft. [1])

— "Hangre mjaft, e píve mjaft-o   N. N.
   Qyshë t' êjten në iqindí;   "   "
   Píve vozgen me rakí,   "   "
   Hangre dashin me mushkni,   "   "
   Píve vêneri me fuqí,   "   "
   Hangre piten me tepsi."   "   "

1) Kjo asht vállja e mbrâme e dasmes. Me ket valle
merr fund dásma ; te gjith llakát shkojnë nder shpija
te veta, dhe fillon jeta e qetë familjare.

DASMA

Në familjet myslimane, "dasma fillonte dy javë para te djali, ku shtroheshin për natë sofra mbas sofrash, vallet e ahengu vazhdonin deri mbas mesnate.

Ditën e dasmës, përgatiteshin sofrat (sofërbashe) në dy oda ose në një sallon të madh ku shtrohej ma parë një sofrabez, rreth tij zgjateshin katër shilte, në mjedis vendosej një sqelme nusesh, mbi këtë vihej një sini e madhe rreth së cilës mund të rrinin rreth 12-13 burra ose gra. Për me fshi duert rrotullohej një sofrapeshqir e mbi sini rregulloheshin lugët, bukë gruni ose hase të pjekuna kastile te furrtari.

Pikësëpari sillej tasi i supës së orizit ose makaronave, ku hanin të gjithë në një tas. Mbas supe vihej ferliku me mish dashi, (në vend të ferlikut ma vonë nxirrej mish jahni ose i skuqun) mbas këtij vinte pilafi, mandej qefull, këtë gjellë e ndiqte bakllava (e bame me kajmak ose me arra). Në këtë ambëlsinë nderimet "urdhnoni, zotni e merrni" shpeshtoheshin ma shumë se për gjellët e tjera, nga të afërmit e shtëpisë. Hiqej bakllava e vihej një sallatë që vlente për me hapë oreksin. Pas sallatës vinte një sahan me zarzavate, simbas stinës. Këtë gjellë mysafirët e ngopun, vetëm sa e provonin, tue i lanë një vend pites me perime. Mbas pites përsëri vihej një gjellë e mandej vinin ambëlsinat e ftofta: syltjash, muhalebi, e ma në fund hoshaf i vumë mbi një tabaka të madhe me lugë ashti ose metali e veçantë për hoshafin. Mbasi kryente darka u ofrohej miqve cigare dhe kafe. Ndonjë që dëshironte me dëgjue aheng rrinte aty ose dilte në një dhomë tjetër. Ky rregull vazhdonte edhe për gratë. Dasma zgjatej deri të hanen mbas dreke për arsye se shumë gra të hueja thirren për drekë atë ditë.

Ditën e martë vinin "tasat" (revani apo gurabi, haxhimakulle) prej gjinisë së nuses. Tasa dërgonin edhe njerëzit e afërm e kushërinjtë e nuses. Këto tasa shpërbleheshin me hallvë nga ana e familjes së dhandrrit".[93]

Në javët pas dasmës, çifti i ri ishte i ftuar nëpër gosti që shtroheshin për nder të tyre nga njerëzit e afërt të fisit (motra, vëllai, daja, halla, tezja e axha). Sofra në këtë rast shtrohej me: çorbë (supë), mish jahni, pilaf, kos, hashaf, pite me kos. Si ëmbëlsirë përgatitej bakllava, tespixhe ose sheqerpare.

Në familjet katolike, martesat, shumë vite përpara, bëheshin ditën e diel, por më vonë kjo ceremoni filloi të bëhej ditën e hënë.

"Simbas zakonit, gatojcat (kuzhinieret) u thirrshin nji javë përpara për me pregaditë henat (gjellnat), pitet (byrekët) e tespixhet.

Mbasi kishte mbërritë nusja, hengu u ndezte edhe ma tepër e djelm të ri të caktuem prej të zotit të shpisë bajnë nderë me raki e meze.

Në dasma e gosti të mëdha nuk u përdorshin sofrat e drunit. Sofrabezi u shtronte për tokë (mbi qylym) si edhe nji sofrapeshqir (mësallë e gjatë) qi përfshinte 12 vetë. Mbi sofrabez, u vente nji sini (tepsi bakri e rrumbullakët, shumë e madhe), lugë drunit e piruj. Posë buket dhe "qërekve" të simitçisë që ishin të bamë me miell dhe tamël, u qitëte "pagaça e shpisë".

Sahani ma i parë ishte me sallata simbas stinës, në verë sallata jeshile të njoma, e në dimën, sallatë ullinjsh me ufull e pak sheqer. Mbas këtyne vinte mishi jahni, mandej pilafi e mishi i pilafit, japraku,

---

93   Bushati, *Hamdi. Shkodra dhe motet, vëll.I*, Shkodër, 1998, f.344, 345, 350

e këtyne dy henave, i këndojshin edhe kangën e
vet, simbas zakonit qi kishte Shkodra. Në mbarim
bijshin piten me voe e ma në fund, tespixhen. Sot në
vend të pites e të tespixhes, bahet bakllava. Vena u
pinte të tanë me një mashtrapë (gotë e madhe dheu,
ose brokë). Nusja nuk u ulte në truesë, as nuk hate
mjesditë. Kah mbasditja i çohej pak limonadë, kos
e voe.

Kah mbasditja vonë, burrat s'bashkut me
hengxhitë, ishin të grishun prej kumbarëve ndër
shpija të veta, ku u gostitëshin me pije e me meze
githfarësh. U bate edhe heng. Kah mbramja, kumbarët
me të gjith tjerët, ktheheshin në shpi të dhandrrit e
vazhdojshin vallet e këndueme.

Kah e vona, bihen "baçalleqet" (dhurata që nusja
i sjell njerëzve të burrit). Të gjith dasmorëve u epej
ka një copë gurabi nusjet. Simbas zakonit kumarët, i
çojshin peshqesh dhandrrit nga nji dash të zgjedhun,
kurse dasmorët çojshin peshqesh nga nji okë kafe e
nji okë sheqer. Gjith natën u këndojshin valle dhe u
bate heng. Prej dritet, shpërdahej dasma. Atyne qi
nuk kan muejt me ardhë në dasmë, u çohej në shpija
një qeni (pjatë) bakllavë.

Të martën paradite, kumbarët qitëshin kafe
në Pazar. Mjesditë blejshin nji peshk të madh, sa
me ndrrue hae dhe u njitshin në qytet, në shpi të
dhandrrit për mjesditë. Të martën mbasdite, u
shpërdate krejtsisht dasma. me vallen e mbrame të
ritualit të martesës: "Hangre mjaf, e pive mjaft!".

T'ejten mbasdite, vjen nji ilaka i grues me pa
nusen, e i bjen zakonisht si peshqesh nji fugacë".[94]

---

94   Rrota, Simon. *Po shkruej për vedi e Shkodrën*, Shb *Fishta*, Lezhë,
2018, f.60, 63,64/ *Gjon Kolë Kujxhija - një ilir i ndezun*/ Përg. Eno Koço,
Tiranë 2018, f.111-115

Edhe në familjet katolike, një javë pas dasmës, çifti i ri ishte i ftuar nëpër gosti që shtroheshin për nder të tyre nga njerëzit e afërt të fisit (motra, vëllai, daja, halla, tezja e axha).

Në familjet ortodokse, "të dielën, porsa nusja dilte nga kisha dhe arrinte te shtëpia e dhandrrit, në çardak ose te dera, e gjuenin me sheqera, elb, oriz e qindarka. Vjehrra dilte me një pjatë me mjaltë edhe një simit në dorë e ia afronte nuses me e hangër tri herë. Kjo donte të thoshte: "buka jonë të shijoftë e ambël, kalofsh jetën në lumtuni"! [95]Në një pjesë të familjeve ortodokse, kur nusja futej në shtëpi, vjehrra i vinte bukën tri herë nën sqetull dhe i fusnin dorën dhe këmbën në një enë me sheqer.

"Për djalë dasmat baheshin të dielën në drekë, të afërmit ftoheshin edhe për darkë. Dasma fillonte qysh një javë para ku bahej aheng e vallëzohej. Porsa mblidheshin të ftuemit në dasëm shtrohej rakia që pihej me gota ose filxhan. Për meze qitej japrak, mëlçi, qepë, djathë. Mbasi çohej pija shtrohej sofra: ma parë një sofrabez, sofrapeshqir, i vihej pjata secilit përpara edhe luga. Përreth sofrabezit shtroheshin disa jasteke për mysafirët e fillonin me u vu gjellët: ma parë vihej mishi jahni në mjedis, mbas mishit vinte pilafi. Ma në fund një ambëlsinë që ishte tespixhja, zakonisht. Ndërkohë që dasmorët hanin pilafin e japrakun, si te katolikët, këndohej nga të rinjtë ose gratë kanga e pilafit dhe e japrakut. Mandej u qitej kafe e cigare".[96]

95   Bushati, *Hamdi. Shkodra dhe motet, vëll.I*, Shkodër, 1998, f.391
96   Po aty, f.391

PASIA

Pasia kishte një rëndësi të veçantë në jetën qytetare, sepse dhëndrri për herë të parë shkonte i ftuar për drekë apo darkë në gjininë e nuses.

Në familjet myslimane, pasia bëhej dhjetë ditë mbas dasmës. "Dhandrri merrte me vete 10 - 12 vetë, persona nga rrethi i vet familjar. Miqve u sillej shurup e kafe. Mbas bisedave përgatitej sofra. Numëroheshin ma shumë se 20 gjellë të ndryshme: fillonte supa (çorba), ferliku, pilafi, peshku, haxhimakulle ose bakllava, sallata me ullinj e qepë, paçaqofte, patë me petë, tasbyrek, qofte me uthull e me kos, pite hysari (byrekë në formë trekandëshi), kabuni, qeshkek, pulë të fërgueme, pelte, muhalebi, syltiash e ma në fund hoshaf me rush të thatë ose me kumbulla. Mbas ngranies pihej limonatë e me interval silleshin tri herë kafe e cigare".[97]

Në familjet katolike, "të prenden mbrama vjen i vllaj me pa nusen dhe i grishë për "pasi", e cila zakonisht bahej të mërkurren".[98]

"Dhandrri ftohej me sa vetë që të donte. Për kah pritja dhe gjellët, pasia bahej shumë ma madhështore se dasma. Sofra e pasisë përveç pijeve përbahej prej këtynë gjellëve: ma parë një supë, mandej pula të pjekuna, pilaf me iç, përsëri ndonjë mish bibe (gjel deti) ose pate, mish me kontorno simbas stinës, bakllavë, etj".[99] Gostia zgjaste deri në mëngjes.

---

97   Bushati, *Hamdi. Shkodra dhe motet, vëll.I*, Shkodër, 1998, f. 352, 353

98   *Gjon Kolë Kujxhija - një ilir i ndezun/* Përg. Eno Koço, Tiranë 2018, f.115

99   Bushati, *Hamdi. Shkodra dhe motet, vëll.I*, Shkodër, 1998, f.360

"Zakonisht nji javë mbrapa, burri i ban pasinë gjindve të grues, ku shkote i ati, vllaj, daja e kunati (në pastë motër të martueme)".[100]

Në familjet ortodokse pasi nusja shkonte në gjini e shoqëruar nga një grua prej familjes së dhëndrrit, vinin për drekë, dhëndrri, motrat dhe kushërirat e tij. "Burri thirrej në pasi me kë të dëshironte. Shtrimi i sofrave nuk kishte ndryshim nga ajo e dasmës: mish jahni ose të skuqun, pilaf, japrak dhe ndonjë ambëlsinë. Përveç rakisë me meze që shtrohej para sofre".[101]

---

100   *Gjon Kolë Kujxhija - një ilir i ndezun/* Përg. Eno Koço, Tiranë 2018, f.115

101   Bushati, *Hamdi. Shkodra dhe motet, vëll.I*, Shkodër, 1998, f.392

VDEKJA

Në familjet myslimane dreka shtrohej pasi bëhej ceremonia e varrimit. "Dreka përbahet prej: supës, mish jahni, oriz dhe kos, hallvë (në vend të hallvës, pelte).

Moti bahej një pritje edhe në Pazar të Vjetër, kur familjarët e të vdekunit ishin zejtarë ose tregtarë me dyqan të vet. Ky zakon ishte edhe ndër myslimanë edhe ndër katolikë.

Pesë javë me radhë "qitej sofër' në atë shtëpi. Mandej, "qiteshin sofra" nga ana e familjes së tij kur i vdekuni mbushte 40 ditë, 6 muaj dhe një vit".[102]

Në familjet katolike atyre që ruajnë atë natë të vdekunin u nxirret kafe e raki. "Ditën e dekës (kur ende ishte i dekuni në shpi), ishte zakon me shtrue sofrën, tue grish (ftuar) ilakatë e miqtë ma të afërm. Në vend të bukës, u qitshin simita ose hasë".[103] Në mes të tavolinës viheshin pjatat e mezeve: djathë të bardhë, sallatë ullinjsh me qepë dhe vezë të ziera. Pastaj vinin pjatat me mish e pilaf dhe jahni. Për të pirë servirej raki. "Gjatë periudhës së jazit, për meze rakije, u qiste rrush i thatë që ishte shumë i ambël, pa farë".[104]

Farefisi dhe miqtë e familjes ku ka ndodhë vdekja ftojnë në drekë ose darkë të përmortshme, familjarët e të vdekurit, duke filluar mbas të dielës së parë. Sofrat që shtrohen me këtë rast kanë në mes pjata me meze: japrak, ullinj, djathë, vezë të ziera dhe si

---

102   Hamdi Bushati,. *Shkodra dhe motet, vëll.II*, Shkodër, 1999, f.385, 386

103   Rrota, Simon. *Po shkruej për vedi e Shkodrën*, Shb *Fishta*, Lezhë, 2018, f.79

104   Po aty, f.80

90

pije u shërbehet raki. Më pas, nxirret pilafi me mish dhe në fund shërbehet tespixhja.

Te ortodoksët, mbas ceremonisë së varrimit, shtrohet dreka. Në sofër vendosen pjata me djathë, ullinj, pilaf, mish e raki. Në fund shërbehet kafe.

Në përkujtim të 40 ditëve, zhvillohet një ceremoni në kishë, ku pas meshës, bekohet gruri i zier. Nga ky grurë, ndahet një hise që do të dërgohet në varreza për të vdekurin, ndërsa pjesa tjetër i serviret me gota e lugë të pranishëmve që morën pjesë në meshë. Pasi kthehen nga varrezat, të ftuarit shkojnë për drekë në shtëpinë ku ka ndodhë vdekja.

Sofra për këtë rast shtrohet me shumllojshmëri ushqimesh, si: meze, raki, peshk, havjar, disa lloje mishi, tespixhe dhe fruta të freskëta ose të thata. Njerëzit që vijnë vizitë për ngushëllim, qerasen me kafe, raki, tespixhe dhe nga një kokërr mollë. I gjithë ky ritual përsëritet pas gjashtë muajsh dhe një viti.

"Dajlanet"
Foto: At Zef Valentini

92

Receta për peshk

Peshku ka thanë: ha peshk e pi vênë,
ose më ço ku kam kênë.

Të magjepsur nga pamja e tij madhështore dhe befasuese, liqenin e Shkodrës, e kanë përshkruar shumë udhëtarë, shkencëtarë dhe shkrimtarë vendas dhe të huaj.

Liqeni i Shkodrës si më i madhi në Ballkan, bashkë me lumenjtë Buna e Drin, është i pasur me lloje të ndryshme peshku. Secili peshk ka stinët e veta për t'u gjuajtur dhe për t'u gatuar. Lista e peshqve të liqenit të Shkodrës përmban 57 specie, ku më kryesoret janë: gjuhca, krapi, qefulli, ngjala, kubla, lloça dhe skortat. Pas viteve 1970 janë kultivuar specie ekzotike të marra kryesisht nga Azia, gjë që u ndërpre rreth viteve 1990. Nga llojet e kultivuara, vetëm karasi dhe sharmaku iu përshtatën më së miri kushteve të liqenit.

Gjuetia e peshkut në lumenj dhe liqenin e Shkodrës është mjaft e vjetër, shkruan Hamdi Bushati. "Dajlanet[105] përmenden që në periudhën veneciane në vitet 1403 e më vonë. Në rrugën e Sqelës, në Pazar, por edhe në qytet kishte plot dyqane peshku, ku në tezgat përjashta reklamoheshin llojet

---

105   Dajlani është një pritë që e ndalon peshkun me kalue në det. Ndërtohet me trina thuprash, të mbështetuna në hunj të forcuem me shtylla të mëdha, në rrjedhë të lumit. Shih: Bushati, Hamdi, *Shkodra dhe motet*, vëll.I, Shkodër 1998

e peshkut, simbas stinës. Shitësit, peshkun që iu ngelte pa u shitë, e kripnin, e shtinin në fuqi dhe sidomos dimnit ua shitnin fshatarëve katolikë, të cilët e blenin me rastin e krezhmeve".[106]

Këtu më poshtë po rreshtoj disa nga llojet kryesore të peshqve të liqenit të Shkodrës dhe lumenjve përreth dhe disa receta gatimi të peshkut.

Blini

Ky peshk kishte shumë vlerë për faktin se prej tij nxirrej havjari. Ai arrinte një gjatësi prej 1,5 metra. Migronte për në det dhe vinte për riprodhim në ujra të ëmbla, në prill-qershor. Një bli mund të peshonte deri në 55 kg. Blini që gjuhej në Bunë ishte i vogël, e nuk peshonte më shumë se 2-3 kg. Një bli i madh prodhonte deri në 14 kg. havjar të zi e të kuqrremtë. Mishi i blinit gatuhej jahni.

Trofta

Ka një gjatësi deri 50 cm. Në verë futet në lumenj ku edhe riprodhohet. Është një peshk i rrallë e gjuhet në verë. E ka strofullën në Viri të Kastratit, ndonjëherë edhe në Zogaj. Gjuhet edhe në lumin e Shalës në Dukagjin. Trofta ishte më e rrallë për t'u gjetur dhe gatuhej e pjekur, sidomos në gosti të ndryshme.

---

106   Për llojet e kohën e gjuetisë së peshqve në lumenjtë e liqenin e Shkodrës, jam mbështetur në librat e Dhimitër Dhorës dhe Hamdi Bushatit, që edhe pse të shkruar në kohë të ndryshme, pajtohen në shumicën e informacioneve dhe konsideratave. Shih: Dhora, Dhimitër. *Liqeni i Shkodrës*, Sh.b. Camaj-Pipa, Shkodër 2005, f. 131-140 dhe Bushati, Hamdi, *Shkodra dhe motet,* vëll.I, Shkodër 1998, f. 267, 268, 272- 274, 248

Levreku

Jeton në det dhe riprodhohet në brigjet ranore dhe shkëmbore në muajt dhjetor – mars. Më pas futet në lumin Buna dhe arrin në liqen. Gjatësia e këtij peshku shkon zakonisht deri 50 cm. Levreku gatuhet i pjekur në furrë.

Qefulli

Me gjatësi rreth 60 cm, por që mund të shkojë edhe dy herë kaq, qefulli riprodhohet në brigjet e detit, në gusht – shtator. Të vegjlit kalojnë në lumin Buna dhe futen në liqenin e Shkodrës. Qefulli i verës quhet cumër. Në këtë stinë qefulli, përpiqet të shkojë në det për të lëshuar putargat. Duke ndjekur rrymën e ujit të Bunës, ndeshet ndër dajlane dhe aty mbetet i bllokuar shpeshherë me shumicë. Ndërsa qefulli i vjeshtës riprodhohet në brigjet e detit në tetor - nëntor. Të vegjlit kalojnë pastaj nëpërmjet lumit Buna, në liqen.

Për ta ruajtur më gjatë, qefullin pasi e pastronin dhe i hiqnin kokën, e kriposnin dhe e vinin në mastela (gjysëm fuqi prej druri). Qefulli është gatuar gjithmonë i pjekur dhe është përdorë sidomos në gosti.

☰ Putargat e qefullit

Putargat janë vezët e thara të qefullit femër.

Për t'i përgatitur, merren vezët e cumrrat (qefullit femër, të gushtit), pa ia prishë cipën që i mbështjell. Lahen mirë dhe më pas thahen me një pecetë. Pastaj kriposen në të gjitha anët me kripë të zezë dhe lihen ashtu për 24 orë.

Ndërkohë, përgatitë një arkë druri të vogël, të cilën e vesh me rrjetë ose garzë (napë). Në mes të arkës vendos një trinë (zgarë prej thuprash a kallamash).

Rreshton putargat mbi të. E mbulon arkën me napë që të mbrohet nga insektet dhe e var në trarët e tavanit ose në oborr, diku lart, që të mos i hanë macet. I lë të thahen në hije për disa ditë, në varësi të motit. Kur putargat janë tharë e kanë marrë një ngjyrë në të kaftë, i heq dhe i mbështjell në peceta. Ruhen në vende të thata.

Kur do ta shërbesh, e pret putargën në feta shumë të holla, dhe po pate dëshirë i hedh edhe pak vaj ulliri. Në Shkodër, putargat janë servirë si meze për të shoqëruar rakinë. Për t'u shijuar sa më gjatë, copa e putargës duhet përtypë ngadalë.

Gjuhca

Trupi ka ngjyrë të argjendë dhe me shkëlqim. Gjatësia e këtij peshku shkon deri në 19 cm. Riprodhohet në zallishte, nga marsi deri në qershor. Pastaj nga qershori deri në tetor kalon në ujërat e hapura të liqenit dhe më pas grumbullohet për të dimëruar në vende të qeta, me ujë të thellë. Tradicionalisht gjuhej me shumicë, në Viri të Kastratit e në Zogaj. Gjuhca mësyn gjithmonë ndriçimin dhe gjuetia e saj ushtrohet nga agimi.

Gjuhcat përdoren të njoma, duke i skuqur në tigan me vaj. Por, ato edhe thahen e përdoren sidomos në dimër, duke marrë kështu emrin "saraga". Peshkatarët në fshatrat shqiptare në breg të Bunës, që i përkasin Malit të Zi, si zhabjaksit etj, e kishin zanat përgatitjen e saragave, të cilat vinin e i shisnin në Shkodër.

☰ Saragat

Gjuhcat që zihen në dimër, lahen e vendosen në një enë ku kriposen me kripë të zezë, jo shumë të trashë, duke i përzier mirë. Lihen aty për 24 orë.

Pastaj i shkund dhe i përshkon nga qafa ose sytë në një thupur, të cilën e lidhë në skaje. Këtë varg e var në një vend, me qëllim që peshku të kullojë kripën. E kthen vargun me gjuhca herë lart e herë poshtë, për nja dy ditë, sa të kullojnë e njëkohësisht të marrin drejtim peshqit.

Pastaj ndez zjarr me dru dëllinje, i cili bën zjarr të dobët dhe shumë tym. Mbi zjarr, mbështet një trinë (gardh thuprash) dhe mbi të, vendos vargun me peshk që të thahet në tym. E kthen vargun herë pas here që të marrë tymin në të gjitha anët, për disa orë, derisa gjuhcat të jenë tharë. Këto gjuhca të thata tashmë quhen saraga.

Saragat e thata ruhen të varura në varg dhe kur dëshiron t'i gatuash, merr një sasi dhe i vë mbi mashë. Piqen në prush, te vatra dhe përdoren sidomos gjatë stinës së dimrit.

Shërbehen në pjata prej balte, si meze për raki ose për të shoqëruar groshën me bukë kallamoqe, ullinj e turshi.

Ngjala

Ka një gjatësi zakonisht deri në 80 cm. Pas së paku 6 viteve jetesë në liqen të meshkujve dhe pas së paku 9 viteve të femrave, në muajt tetor – nëntor ngjalat migrojnë nëpërmjet lumit Buna për në detin Adriatik dhe më tej për riprodhim. Prej atje larvat lëvizin në rrymat detare dhe pas rreth 3 vitesh arrijnë brigjet tona. Në nëntor - maj ato futen në lumin

Buna dhe arrijnë në liqen. Ngjala del nga mesnata në errësirë të madhe kur veton e fryn veriu, bëhet lëmsh dhe mësyn rrjedhën e ujit për të kaluar në det, por ndesh në dajlane.

Përveçse gatuhej e freskët, për ta ruajtur për një kohë të gjatë, ngjalën e kriposnin dhe e mbështillnin rrumbullak duke e futur në një mastelë (gjysëm fuqi druri). Para se të gatuhej, i hiqej kripa e tepërt, duke e lënë në ujë.

☰ Çorbë me ngjala

Pastron ngjalat dhe i ndan në copa të vogla. I rreshton në tenxhere bashkë me pak qepë të grirë hollë. Pasi i kavërdis, shton salcë dhe ujë sa të mbulohen. I vë të ziejnë derisa të jenë zbutë pak. Shton orizin, i cili shërben për të thithur yndyrën e tepërt që ka ngjala, dhe vazhdon zierjen. Më pas shton kripë, piper dhe spec djegës. Bëhet një çorbë jo shumë e trashë dhe shërbehet e ngrohtë.

☰ Ngjalë jahni

Në një tigan skuq qepën, shton hudhra, kripë, piper e gjethe dafine dhe më pas hedh edhe salcë. E lë këtë përzierje të marrë një valë dhe shton aty ngjalën e ndarë në copa dhe një sasi uji që të ziejë. Mbasi është zier, shërbehet e ngrohtë, me lëng.

☰ Ngjalë me miell e hudhra

Merr disa ngjala të holla dhe i pastron e i pret në copa.

Skuq miellin në një tenxhere me vaj ulliri. Pastaj shton ujë sa të bëhet një masë e hollë. Hedh aty ngjalat dhe shton hudhra të grira, kripë, piper e gjethe dafine. I lë të ziejnë derisa të zbuten dhe të mbeten me pak lëng.

☰ Ngjalë në furrë

Ngjalat mesatare të pastruara, i mbush në bark me thelpinj hudhrash. Vendos ngjalat në një tavë të lyer me vaj ulliri dhe i hedh sipër kripë, piper e gjethe dafine. I spërkat sipër me pak vaj dhe i fut në furrë për t'u pjekur.

☰ Ngjalë me oriz në tavë

Ky është varianti më i vjetër i gatimit të ngjalës me oriz, për natën e Krishtlindjes.

Ngjalën e trashë e kripos dhe e var diku që të kullojë për disa orë. Në një tavë bakri, që e mbështet mbi saxhak[107], kavërdis qepën dhe më pas hedh ngjalën e shpërlarë nga kripa dhe të ndarë në copa. Shton salcë, piper e pak ujë dhe e lë të ziejë në zjarr të avashtë, derisa të zbutet. Heq nga tava me kujdes copat e ngjalës dhe te ai iç, hedh orizin dhe e lë të ziejë. Kur të jetë bërë orizi, shton copat e ngjalës sipër në tavë dhe i jep një valë të fundit sa të shterrë.

Krapi

Gjatësia e tij shkon nga 80 cm. deri në 1,3 metra. Riprodhimi bëhet prej fundit të marsit e deri në fillim të verës, në ujërat e cekëta të brigjeve të liqenit. Krapi e ka mishin e shijshëm në kohën e grurit. Sa më i madh që të jetë, aq më i shijshëm është. Krapi i vogël quhet krapuliq dhe ka shumë hala. Koka e

---

107   Mbajtëse prej hekuri e rrumbullakët, me tre këmbë, që vendosej te vatra për të mbështetur enët e gatimit

krapit është pjesa më e pëlqyeshme dhe e shijshme. Edhe krapi ka putargë, por putarga e tij nuk regjet, as konservohet. Krapi gatuhet i skuqur ose në zgarë por më i shijshëm është kur gatuhet në tavë.

☰ Krap në tavë

Krapi për tavë, duhet të peshojë rreth 3-4 kg. E pastron duke i hequr luspat dhe të brendshmet. Gjithashtu duhet t'i hiqet një kockë në formë trekëndëshi afër kokës, sepse përndryshe i jep shije të hidhur tavës. Për tavë, krapin e pret në kurma më të hollë se kur e gatuan të skuqur, me trashësi rreth 1 cm. dhe kokës i lë një pjesë nga qafa. E lë të kullojë.

Ka disa mënyra për ta bërë krapin gati për tavë: mënyra më e vjetër është që, pasi kurmat të kullojnë ujin, i shtron në tavë bashkë me kokën dhe i hedh için sipër.

Një mënyrë tjetër është që, para se t'i shtrosh kurmat në tavë, i skuq lehtë në një tigan me vaj, duke i kthyer nga të dy anët, që të mblidhen pak e të mos shprishen gjatë pjekjes. Pastaj i shtron në tavë.

Dhe një tjetër mënyrë që përdorej dikur kur krapi ishte mbi 4 kg.: kurmat e krapit i rreshton në një tavë me uthull dhe i vë mbi sobën me zjarr të fortë që duke thithur uthullën të largohet yndyra e tepërt. Pastaj shtrohet içi.

Përgatitja e içit: Në një tigan (ose aty ku skuqëm krapin, nëse do ta skuqësh më parë), kavërdis në zjarr të avashtë afërsisht 5 kokrra mesatare qepë, të grira hollë për së gjati. Më pas, shton thelpinjtë e hudhrave dhe nerdenin (salcë domatesh e përgatitur në shtëpi), paksa sheqer, kripë, piper dhe pak ujë. I lë në zjarr sa të shkrihen krejt qepët e të bëhet një masë uniforme me pak lëng.

Vendos fetat e krapit në tavë. Shton uthullën e rrushit (që sipas dëshirës, më parë mund ta shkrish me pak miell), pistil ose kumbulla të thata, gjethe dafine dhe i hedh pak ujë. E lë të piqet në furrë, në temperaturë 200- 250° derisa peshku të marrë ngjyrë në të dyja anët dhe içi të jetë i mjaftueshëm për ta shoqëruar krapin në pjatë dhe për të ngjyer kafshatat e bukës.

Shërbehet i ngrohtë, me bukë kallamoqe ose gruri të thekur dhe shoqërohet veçse me venë.

Kubla

Gjatësia zakonisht është 40 cm. Jeton në det dhe migron në mars - maj për riprodhim në liqen. Të vegjlit migrojnë për në det pas 6 - 7 muajve. Mësyn gjithmonë lumin e Bunës e liqenin, por gjuhet edhe në Drin. Kubla e Drinit është më e mirë se e Bunës në shije. Në mbarim të pranverës kubla kalon në det, këtu ngelin zogjtë e saj që quhen lloqa e gjuhen me shumicë në ujërat e Zogajve dhe janë të shijshme më tepër në dimër.

Në pranverë, mbas datës 20 të marsit, sidomos ditën e Novruzit, nis e gjuhet kubla e parë. Në kohën e turkut, ditën e Novruzit, peshkatarët kublën e parë, ia dërgonin dhuratë Valiut të Shkodrës.

Ky peshk ka shumë hala, prandaj në shumicën e rasteve skuqet fort që të hahet me gjithë hala, sepse është e pamundur t'i heqësh gjatë ngrënies. Kubla ka një aromë shumë të fortë kur skuqet, aq sa e gjithë mëhalla e merr vesh kur e gatuan. Përveçse e skuqur, kubla thahej ose kriposej për t'u ruajtur, siç bënin dikur peshkatarët, që e tregtonin edhe në krahina të tjera.

☰ **Kubël me uthull e gjethe dafine**[108]

Pastron dhe lan kublën. Pastaj e ndan në kurma të hollë, pa e shkëputur nga kurrizi. E var në një tel për 12 deri në 24 orë që të kullojë gjakun. Më pas i pret deri në fund kurmat dhe i skuq mirë në një tigan me vaj. Shtron kurmat e skuqur në një pjatancë dhe sipër i hedh kripë, uthull e gjethe dafine.

Një variant tjetër i kësaj recete, është që në vend që ta skuqësh kublën, e pjek në furrë. Pra, pasi e heq nga teli, ndan kurmat deri në fund dhe i shtron në tavë. Hedh kripë, hudhra, gjethe dafine, vaj dhe uthull sa të mbulohen krejt copat e peshkut. E vë të piqet dhe e lë në furrë derisa të shterrë i gjithë lëngu.

Karasi

Riprodhohet në muajt prill - maj në brigje të liqenit. Gjatësia shkon nga 30 - 45 cm.

Zakonisht gatuhet i skuqur fort, për shkak të halave të shumta.

Mëlyshi

Riprodhimi ndodh nga fundi i prillit, nëpër zallishtet e brigjeve. Jeton në ujëra të pastra. Gjatësia shkon deri 50 cm.

Meqenëse është peshk i yndyrshëm, kur është mbi 2 kg. gatuhet në tavë si krapi, pa i shtuar shumë yndyrë. Poshtë kësaj peshe, vizatet thellë dhe skuqet.

---

108   Kjo është një recetë e vjetër e podgoriçanëve.

Sharmaku

Riprodhohet, fillimisht në vitin e 3 – 4 të jetës, brigjeve të liqenit, ku ka bimë të ndryshme ujore. Gjatësia deri 50 cm.

Në Shkodër gatuhet i skuqur fort në vaj.

Shojza

Gjatësia e trupit shkon deri 50 cm. Riprodhohet në det në muajt janar - mars. Pas pak muajsh, nëpërmjet lumit Buna hyn në Liqen. Nga Liqeni, migron në det për riprodhim, kryesisht në muajt dhjetor – janar.

Gatuhet e skuqur.

Piknik.
Foto: K.Idromeno

Si i këndonin ushqimit

Urdhënoni, Zotëní, e merrni![109]

Urdhënoni, Zotëní, e merrni!
Pilafin taìm e keni;
Luga, luga do t'a çoni;
Na don hatri ta mbaroni.
Zotëni jeni, zotëni kjoshi!
Për të mirë na urdhënoshi!
Zojat t'ueja na i gëzoshi! ...

Kokorr-madh na duel jepraku[110]

Kokorr-madh na duel jepraku.
Vjen bakllava sá çardaku;
U shpërthye rrethi i tepsís,
Duhet çue m'u kallajtísë;
Paguen të hollat i zoti i shpís.
Moj hollojcë, e, moj katojcë!
Mori bukë, pá pjekun - o!
Mor pilaf, pá zimun - o!
More mish, përzhitun - o!
Moj bakllavë, e djegun - o!

---

109   Këndohet të hënën në drekë, kur sjellin pilafin në sofër. Shih: *Gjon Kolë Kujxhija - një ilir i ndezun*/ Përg. Eno Koço, Tiranë 2018, f.155

110   Po aty, f. 155. Kjo këngë këndohet pasi kanë ngrënë bukë të ftuarit në dasëm, për të sharë kuzhinieren.

Moj hollojnë, gatojnë[111]

Moj hollojnë e moj gatojnë
Mori bukë papjekun
More pilaf pazimun
More mish përzhitun
Moj bakllavë përfikun
Duel bakllava pa kullue
As u hangër, as u kërkue
Asnjë fele s'ka teprue.

Hângre mjaft, e píve mjaft.[112]

Hângre mjaft, e píve mjaft-o N.N.
Qyshë t'êjten në iqindí;
Píve vozgën me rakí,
Hângre dashin me mushkní,
Píve vênën me fuqí,
Hângre piten me tepsí.

Po bân mâgja cirrimâ[113]

Po bân mâgja cirrimâ;
Rrî, se kemi bukë mâ.
Po bân vozga cirrimâ;
Rrî, se kemi rakí mâ.
Bân çengeli cirrimâ;
Rrî, se kemi mish mâ.

---

111   Kjo këngë këndohet në sofrat e mbrëmjes, në dasëm. Shih: Gurashi, Kolë. *Shkodra e baballarve,* Botime françeskane, Shkodër, 2002, f. 219.

112   Po aty, f. 169. Me këtë valle të kënduar mbyllet dasma.

113   Këndohet të hënën mbasdite, kur shkon dhëndrri me miqësine tek shtëpitë e kumbarëve. Shih: *Gjon Kolë Kujxhija - një ilir i ndezun/* Përg. Eno Koço, Tiranë 2018, f.162

Bân fuqija cirrimâ;
Rrî, se kemi vênë mâ.
Bân tepsija cirrimâ;
Rrî, se kemi pite mâ.

Mirë mbrama![114]

Mirë mbrama, N.N.!
Mirse vjen, miqsia e jonë!
A ke bukë -o me na dhanë?
Sa ka deti ujë e ranë,
Simiçitë i çojmë në kambë!
S'kam nevojë për simiçi,
se m'ka ndodhë buka në shpi.

Rruga e Hotenve[115]

Rruga e Hotenve mbushë me kingla
Hako Zykja me jetima
Hako Zykja, qyqja, e ngrata
Bani gostën me saraga
Në pritje se del bakllava
Duel laknori me mullaga
Besa ktë se desha kurr
Na u ba bakllava laknuer.

---

114   Këndohet kur dhëndrri me miqësinë, kthehen prap
në shtëpi nga kumbarët. Fjala bukë në tekst, zëvendësohet
me mish, raki, venë etj. Shih: Gurashi, Kolë. *Shkodra e baballarve*,
Botime françeskane, Shkodër, 2002, f. 163.

115   Valle shpotije (satirike). Shih: Po aty. f.228

Kaden Zykja[116]

Kaden Zykja ku je kenë
Der te nana kjesh me ndejë
Gjeta nji mik dhe e shtina mrendë
Me ja qitë babë një gotë venë
Me ja qitë babë një gotë haramit
Kështu e kanë bijat e shkodranit.
Ndër ara më treti viçi
Mos u hangërt sultepriçi
Sultepriçit po i vjen era
Porsi lules kah prandvera.

Për japrakun[117]

Dola n'der t'çardakut,
me i thur nji bejt japrakut:
Mor japrak çka m'bane,
m'le tan ditën n'akshihane.
O japrak sa punt mi qite,
deri tesh kisha ba tre pite.
Sa gjana i lype prej meje,
e ke kokrrën, sa nji t'kuq véje.
I qita majdanoz e mendër
kur e hangra, mu njit për zemër,
E qita nder tri çinija,
M'dul ma i mirë se te akshija.
Japraku nuk asht për t'reja,
por për plaka e gra t'veja.
Ti ban durt si me i vu kanë,
m'u ulë poshtë me i la me ranë.

116   Valle shpotije (satirike). Shih: Gurashi, Kolë. *Shkodra e baballarve*, Botime françeskane, Shkodër, 2002, f. 228,

117   Vargje popullore

Për terhanin (trahana)

Terhan, terhan lum kush e han,
Bejlerët e shajnë, mandej e përlajnë.

Mastika[118]

Tuj ndenj n'karrige
e tuj ba hysmet kazanit
kush të dojnë me ble mastikë
T'shkojnë tek Pashkoja i Gjò Vuksanit!

Kanga e kullanave[119]

Mirë dita për kullana
Me kupaca me sahana
Mirë mot e mirë sot
Na ndihmo o i madhi Zot.

Del e del e zoja e shpisë
Se tek ti na jena nisë
Për kullana me na çitë
Fiq e arra e lejthia
Hajmë terhan e gurabia
Nji mijë t'mirat na i durojmë
A po del?
A po shkojmë?

---

118   Vargje popullore për uzon.

119   Vjershë popullore, recituar prej fëmijëve kur
shkonin nëpër shtëpitë e mëhallës, apo të afërmit për
të mbledhë Kullanat (fruta, karamele, apo biskota). Në
Shkodër, kjo ndodhte pak ditë pas Vitit të Ri, data 5 dhe
6 janar, që përkon me festën e Epifanisë (vizitën që tre
mbretrit i bënë Jezusit të posalindur, duke i sjellë shumë
dhurata, por edhe me Befanën, (një plakë që u shpërndan
dhurata fëmijëve natën e 5 janarit).

Itu keka 'i pus me rika
Zojës shpisë i raftë pika.

Itu keka 'i pus me rosa
Zojës shpisë 'i raftë qirosa.

Itu keka 'i pus me pula
Zojës shpisë i raftë gërbula.

Itu keka i'pus me pata
Zojës shpisë i raftë lëngata.

Voet e kuqe[120]

Voet e kuqe n'ate "dikur",
Nana i shtronte mbi perpeq,
Kokrra e fortë u ndante veç
Seç u pikshin fmij e pleq,
Që n'Arrë t'Madhe e der n'Serreq,
E kjo festë me kaq shum mbresa
S'u harrue kurr qebesa,
As nder fmij e nipa e mbesa.

---

120   Fragment nga një poezi e Gjosho Vasisë. Gjosho
Vasia, humorist dhe aktor, 1931 - 2013.

Ernest Koliqi

Gjuhcës së thatë[121]

At Vinçenz Malaj-t
qi më solli dhuratë prej Tivarit nji
vistër gjuhcash të thata xânë në liqê
të Shkodrës

Mbasi qi n'skarë u poqe,
rakin e ksaj treveze
mëlmen si e shijshme meze
me bukën kollomoqe.

U vare, gjuhc', prej pênit
vistër me shoqe t'mjera
por djè gjit e kalthèra
i a njofte mir' liqênit:

I a pae fundet vjollzore
dikúr plot ksheta t'gjalla
qi vdiqen si u shkim prralla
ndër treva e zêmra arbnore.

Vetimë argjanti, halat
lshojshin shkreptima n'hove
kur gzueshëm i a përshkove
liqenit t'on' suvalat.

Tuj end' me shoqe lodra
ndër ujna ngjyr' zafiri
u nise shpesh nga Viri
e u shtyne mjè ke Shkodra.

---

121   Koliqi, Ernest. Rev. *Shejzat*, Romë, 1973,nr.1-4., f. 88-89.

N'për val' ku t'pasqyrueme
Shiroka me shpi t'saja
dh'e Taraboshit maja
dalin, rrëshqite e lume.

Liqènit fulikare
tu'i rámun për së gjatit,
t'u ngjit mbi pare t'shtatit
nji âm' stinash shqiptare.

Robinë e pae ti veten
n'nji tratkë, e t'hodhën n 'zalli,
t' qiruen paresh për s'gjalli,
o e mjerë, e t'muerën jetën

Vizllim argjant' si nj'istër
dikúr, ti u thave e u nxine
për maje shtrì t'njâj trine
me shoqe e t'ngjiten n'vistër,

e tash, o nuse e ujit,
shoqnis s'mbledhun okolle
ktu shijen ti i a solle
t'atdheut n'kët vis të t'huejit.

N'at erë ujit e zallit
qi sjell, shpirti pikllohet:
rae not para do kohet
n'liqê, ktu sot n'lot mallit.

Romë, gusht 1968

Interier shtëpie
Foto: At Zef Valentini

Receta për ëmbëlsira

Zanatin e bukpjekësve dhe të pastiçerëve, siç e përmenda më lart, e kishin ortodoksët e ardhur nga Struga. Llokumet më të mira i bënte Shurbani, që e kishte dyqanin në qendër të qytetit. Gjithashtu, në qytet kishin pastiçeri familjet Plevneshi, Stojani etj.

Kurse "hallvatarët (hallvaxhinjtë), ishin të gjithë të ardhun nga Gurakuqi i Elbasanit. Një pjesë kishin dyqane në qytet e të tjerët në Pazar të Vjetër. Në mëngjes ata nxirrnin shegertët e tyne me shitë salep bashkë me simita, gjatë ditës qitnin nëpër lagje gjithë shegertat me nga një taulle (tabaka druni) që mbushej me sheqera, hallvë të bardhë, terhan hallvasi, gurabija e nga një tepsi kadaif. Disa të tjerë shitnin bozë. Gjatë verës merreshin edhe me shitje qumështi e kosi.

Popullsia e Shkodrës deri në gjysmën e shek. XIX, ka pasë përdorë mjaltën në vend të sheqerit. Ambëlsinat që ishin ma të përdorshmet, sikurse tespixhja, hallva etj. baheshin me mjaltë. Eksportimi i dyllit asht nji argument mbi prodhimin e mjaltës në Shkodër. Vetëm ndonji tregtar, që rrihte rrugën e Venedikut ose Triestes, sillte në shtëpi të vet ndonjë sasi të vogël sheqeri në kallepë të formës konike".[122]

---

122   Bushati, Hamdi, *Shkodra dhe motet*, vëll.I, Shkodër 1998, f. 321

☰ Hallvë [123]

Hedh 1 masë me tlyn (gjalpë) në një tigan dhe e lë të marrë valë. I shton 2 grushte të vegjël miell misri dhe pastaj një sasi të mjaftueshme me miell gruri, pasi nuk duhet që, në fund, kur të jetë gati, t'i dalë sipër yndyra. E kavërdis në zjarr të avashtë derisa të skuqet.

Zien në një tenxhere tjetër, 1 masë sheqer dhe 3 masa me ujë, sa të marrë disa valë. Ia shton sherbetin miellit të skuqur që është në zjarr, duke e përzier vazhdimisht dhe shpejt. Pastaj e lë të marrë dy-tre valë dhe e largon nga zjarri.

Ashtu siç është e nxehtë e hedh hallvën me lugë, topa - topa në pjatancë, ose e hedh në forma të vogla, që i përmbysë më pas mbi pjatancë.

☰ Muhalebi

Hedh në tenxhere 1 litër qumësht dhe e vë në zjarr që të marrë valë. Shkrin në një tas 3-4 lugë miell orizi

---

123   **Hallma**. Hallma bâhet me nji tas të vogël me tlyen të ziem e vêhet në fultere me vlue e mandej i qitet miell kollomoqit 2 grushta të vegjël, por miellin me ja sitë të shpeshtë e me i qitë edhe miell grûnit të hollë sa të kenë mjeft se ndryshe kur të jenë bâ i del tlyeni jashtë, duhet me kavërtisë miellin deri sa të kuqet, por me pak zjerm se ndryshe digjet , e mbai të jenë kuqë mielli me bâ sheqerin me zie me új, por mâ parë me matë me tas tlyenit 1 me sheqer e 3 me új e m'e vû me zie në nji kusi e me i dhânë dhetë e dymbdhetë valë e mandej me ia qitë ktij miellit kur të jenë në zjerm, por me përzie me shpejt se ndryshe rri copa copa, e mbasi të jenë qitë sherbeti, me e lânë me i dhanë 2 valë o 3 e mandej sa të jenë xét me qitë nder stamp të vocerr por shtampën mos m'e lye me kurrgja, o m'e qitë me lugë në çini si të jetë qefi. Shih: Koliqi, Ernest. *Gjellë e ambëlsina të vendit t'onë*, rev. *Shêjzat*, Romë 1972, nr.1-4, f.66

me pak qumësht të ftohtë dhe i hedh në tenxhere, pasi të ketë zier qumështi. I lë të ziejnë bashkë për 2-3 min. dhe shton pastaj 1 e ½ gote sheqer dhe paksa kripë. I përzien mirë që të shkrihet sheqeri dhe e lë në zjarr derisa të trashet masa.

≡ Pelte

Në një tenxhere hedh 1 litër ujë dhe e vë në zjarr të marrë valë. Pastaj i hedh 1 gotë e gjysmë deri në 2 gota sheqer. Shton 3 lugë niseshte[124] që e ke shkrirë më parë me pak ujë të ftohtë. I përzien mirë të gjitha bashkë në zjarr që të trashet masa dhe pastaj e hedh në pjata.

---

124 **Niseshteja** ishte një produkt që përdorej në disa ëmbëlsira. Për përgatitjen e saj zgjidhej grunë i cilësisë së parë, grunamadhi, që prodhohej në Malësitë e Mbishkodrës. Gruni futet në ujë në një enë të madhe dhe mbulohet me kapak. Mbas disa ditësh kur i zbutet kokrra, asht gati me u shtypë. Ai grun shpërlahet me ujë të pastër dhe zhvendoset në një enë tjetër e mandej një person hyn me këmbë brenda kazanit dhe e shtyp. Langu i shtypun lihet me u kullue, niseshtja e langët bie në fund e uji mbetet sipër. Ky ujë hiqet ngadalë. Për mos me ngelë aspak ujë merret langu i trashë e futet në një torbë që vendoset mbi dy drunj tue i vue ndonji peshë të randë që ta bajë me kullue krejt ujin. Ma pas niseshtja e qullët hapet në çarçafë të lame e ndehet në diell. E porsa të fillojë të thahet duhet të shtypet e imtësohet me dorë dhe të sitet. Kjo niseshte prap hapet në çarçafë tue e lanë në diell për disa javë. Ajo përgatitet në stinën e verës. Mbasi të jetë tha shtihet në torba tue e ruejtë nga vendet me lagështinë. Në familjet katolike shumë shumë rrallë kanë përgatitë niseshte, sepse nuk i kanë përdorë ambëlsinat për të cilat hyn në punë ajo, si: bakllavaja, aksudja, peltja etj. ambelsina orientale. Shih: Bushati, Hamdi, *Shkodra dhe motet*, vëll.I, Shkodër 1998, f. 313

≡ **Hasude (Aksude)**

2 lugë gjelle niseshte të mbushura plot i shkrin në ujë dhe shton 2 lugë gjelle të rrafshta me sheqer. Vë në zjarr një tigan me 1 lugë gjelle tlyn. Aty hedh masën e përgatitur dhe e përzien vazhdimisht. Duhet të bëhet një masë si në ngjyrë mjalti i çelët me kokrriza të shkrifta.

≡ **Syltiash (Seltepriç)**

Në një tenxhere zien 1 filxhan kafeje oriz me 2 filxhana ujë dhe pak kripë, në zjarr jo të fortë. Pastaj fillon e shton rreth 1 litër qumësht dhe vazhdon zierjen në zjarr të avashtë. Nga fundi i zierjes hedh 3-4 lugë gjelle sheqer. Duke zier në zjarr të avashtë orizi fillon e shformësohet. Atëherë shton një lugë miell (ose niseshte) të shkrirë në ujë, që të trashet më shumë. E heq syltjashin nga zjarri dhe e hedh nëpër pjata ose kupa. Mund t'i hedhësh sipër kanellë, sipas dëshirës dhe e shërben të ftohtë.

≡ **Zerdja** [125]

Kjo ëmbëlsirë gatuhej me oriz e mbasi zihej mirë, i hidhej sheqer pa e lënë të trashej tepër. Zerdja më e shijshme përgatitej kur në vend të sheqerit përdoret mjaltë e sidomos pekmez (reçel manash).

---

125   Fjala vjen nga persishtja, si shumica e ambëlsinave orientale, të tilla si: tespixhja, aksudja etj. Dikur zerdja përdorej shumë në Shkodër, sidomos kur këtu prodhohej mjaltë a pekmez e që këto përdoreshin në vend të sheqerit. Shih: Bushati, Hamdi, *Shkodra dhe motet*, vëll.I, Shkodër 1998, f. 316.

≡ **Akshiashi** [126]

Kjo ëmbëlsirë përgatitet kryesisht me fiq të thatë. Fiqt i grin imët dhe i vë në një tenxhere që të ziejnë. Pasi janë zier, u hidhet pak oriz, kumbulla të thata, rrush i thatë edhe pak groshë (fasule). Grosha duhet zier më parë e pastaj e përzien në tenxhere me frutat e tjera. Hedh edhe pak niseshte që e shkrin më parë me ujë në një enë tjetër. Në fund i shton një sasi sheqeri. Mbasi të jetë zier mire dhe të mbetet një masë e trashë, hidhet në pjata, pudroset me arra të shtypura dhe erëza. Shërbehet i ftohtë.

≡ **Grurë me sheqer e fruta të thata** [127]

Gruri laget dhe futet në një thes të pastër ose shterë dhe rrihet për tu zhveshur nga lëkura. Pastaj shpëlahet dhe vihet në tenxhere për t'u zier. Pasi ka zier, e lë deri të nesërmen të mbuluar me kapak.

Pastaj e nxjerr nga tenxherja dhe e hedh në një tepsi, ku i shton sheqer dhe e përzien mirë me duar. I shton më pas edhe gjysmën e sasisë së arrave të grira, rrush të thatë dhe vazhdon përzierjen.

Masën e përftuar e hedh në një pjatancë dhe i jep formë pak të ngritur në majë. E pudros me pjesën tjetër të arrave të grira. Sipër formon një kryq me kokrrat e rrushit të thatë. Te kryqi vihet qiriu, kur

---

126   Fjalë turke e përbame prej fjalëve ekshi dhe ash që do të thotë gjellë majahoshe. Asht njifarë ambëlsine, që përdorej mbas gjellëve dhe hahej përgjithësisht në stinën e dimnit. Shih: Bushati, Hamdi, *Shkodra dhe motet,* vëll.I, Shkodër 1998, f. 317

127   Përgatitet nga ortodoksët në raste përkujtimore vdekjesh. Pasi bekohet në kishë, i serviret pjesmarrësve në meshën përkujtimore.

gruri çohet në kishë për t'u bekuar. Pas meshës, ky grurë, shërbehet në gota për të gjithë të pranishmit.

☰ **Petulla me sheqer**[128]

Rreh 2 vezë me 2 lugë gjelle sheqer. I shton ½ gote qumësht, 6 lugë miell, pak kripë, 2 lugë gjelle rum (pije), pak rrush të thatë pa bërthamë dhe stika pishe të prera imët. I përzien dhe e lë brumin me ardhë, më shumë se një orë. Pasi të ketë ardhur brumi, merr nga një lugë prej tij dhe e hedh në një tigan me shumë vaj. Petullat e skuqura, kur i heq nga zjarri, i pudros me pluhur sheqeri.

☰ **Ferli e Mamës**

Për përgatitjen e ferlisë (ose lakuriqit), merren 1.5 kg. kunguj. Pasi i lan dhe u heq lëkurën, i grin në rende dhe i lë me kripë, deri sa të nxjerrin lëngun. Pastaj i shtrydh fort me dorë.

Në një enë, rreh 3 vezë me 9 lugë gjelle sheqer, i shton 1 filxh. çaji qumësht dhe 9 lugë gjelle miell. I rreh mirë të gjitha bashkë. Shton aty kungujt dhe 2 lugë gjelle tlyn të shkrirë. Krijohet një masë si për brum petullash, të cilën e hedh në tavën e lyer me tlyn e miell. Brumin e spërkat sipër me pak tlyn dhe e pjek në furrë në temp. 180-200°.

Në vend të qumështit mund të përziesh 4 lugë gjelle qumësht pluhur me 6 lugë gjelle miell. Qumështi pluhur, i jep ferlisë një shije edhe më të mirë.

---

128   Koliqi, Ernest. *Gjellë e ambëlsina të vendit t'onë*, rev. *Shêjzat*, Romë 1972, nr.1-4, f.66

☰ Qumshtur

Në një tenxhere ngroh 1.5 litër qumësht kulloshtre (qumështi i parë i bagëtisë pasi pjell).

Në një enë shkrin 2 lugë gjelle miell gruri me pak qumësht të ftohtë dhe po aty hedh 7 vezë të rrahura. Pasi i përzien mirë, e hedh këtë masë te tenxherja me qumësht dhe shton edhe 5 lugë gjelle sheqer.

Lyen tavën me gjalpë dhe hedh aty përzierjen e përgatitur (nëse është qumësht pa yndyrë, duhet t'i shtosh një sasi gjalpë). E fut qumështorin të piqet në furrën e ngrohur me 180°.

☰ Përpeq [129]

Gatuhet në dy variante: me kripë ose me sheqer.

☰ Përpeq me sheqer

Rreh 10 vezë me rreth 200 gr. sheqer. Përzien në një enë tjetër, 1 gotë qumësht me 2 lugë gjelle miell. E shton këtë masë te vezët. Pasi i përzien mirë, shton 50 gr. tlyn të shkrirë më parë, (dikur në vend të tlynit perpeqi përgatitej me ushuj). I rreh mirë të gjitha bashkë.

Tava ku piqet perpeqi, duhet të jetë mjaft e thellë, pasi gjatë pjekjes masa fryhet shumë dhe mund të derdhet. Lyen tavën fillimisht me gjalpë dhe miell, hedh në të përzierjen dhe e pjek në temperaturë 200°,

---

129   Perpeqi, është ëmbëlsira karakteristike që bëhet për festën e Pashkëve në familjet katolike. Gatuhej vetëm me këtë rast, ndoshta sepse kishte shumë shpenzime, si sasia e madhe e vezëve dhe e tlynit (herët është gatuar me ushuj).

pasi furrën e ke ngrohur më parë. Nëse siprina fillon të skuqet më shpejt, i vë sipër një letër furre dhe e ul temperaturën në 180°, derisa të bëhet edhe pjesa e poshtme.

Sipas dëshirës, në tavë mund të shtrosh më parë një petë (petë si për byrek) që e hap deri sipër. Pastaj hedh masën mbi të dhe e vë përpeqin të piqet në furrë. Pasi ftohet, e pret në feta dhe e shërben.

≡ Përpeq me kripë

Për përgatitjen e përpeqit me kripë, është e njëjta sasi dhe procedurë si e atij me sheqer vetëm se në vend të sheqerit, hedhim paksa kripë dhe sipas dëshirës edhe copa djathi të bardhë.

Shtron në tavë një petë byreku që e hap deri lart anësoreve të tavës dhe hedh masën e përgatitur. E vë në furrë të piqet derisa të fryhet e të marrë ngjyrë të artë.

≡ Fugacë (Bukë Spanje)[130]

Rreh 20 të verdha vezësh me 20 lugë gjelle sheqer. Të bardhat i rreh veç dhe i shton në fund paksa sheqer. Hedh 1/3 e të bardhave tek të verdhat dhe i përzien ngadalë. Shton 20 lugë gjelle miell dhe duke vazhduar përzierjen, shton ngadalë pjesën tjetër të të bardhave. Brumin e hedh në një tavë të thellë të lyer me pak gjalpë e miell dhe e pjek në furrë me temp. 200°, për rreth 40 min. derisa të marrë një ngjyrë të artë.

Në disa familje shkodrane, fugacën e përvëlojnë me shërbet dhe e quajnë revani. Pasi e nxjerr nga furra, e pret në kallepë dhe e lë të ftohet. Ndërkohë

---

130   Koliqi, Ernest. *Gjellë e ambëlsina të vendit t'onë*, rev. *Shêjzat*, Romë 1972, nr.1-4, f.79.

përgatit shërbetin me 1 l. ujë dhe 1 kg. sheqer, që i hidhet i vakët.

☰ **Revani** [131]

Merr një tas dhe hedh ltyn të shkrirë, pastaj në atë masë hedh sheqer dhe i rreh fort me tlynin, sa të marrë një ngjyrë të bardhë. Po te ai tas ku mate tlynin dhe sheqerin hedh vezët (të bardhë e të verdhë) derisa të mbushet plot tasi me vezët e thyera. Shton me ngadalë vezët e rrahura tek përzierja e mësipërme. Vazhdon rrahjen, duke pasë kujdes që të mos humbasë ngjyra e verdhë e vezëve, e cila duhet të ruhet edhe pas pjekjes.

Te ai tas që mate tlynin dhe përbërsëit e tjerë, mat edhe miellin. Sipër miellit shton paksa niseshte. Këtë masë ia shton përzierjes së përgatitur më parë. I përzien të gjitha bashkë por me ngadalë, sepse nuk i bën mirë brumit.

E hedh masën e përgatitur në një tavë që të jetë

---

131   **Revanija.** Me matë nji sahân tlyen të ziem e me at masën e tlyenit m'e matë me sheqer e me i rrahë bashkë me tlyen fort e fort deri sa të zbardhohet mandej me thye voet m'at sahânin e tlyenit, të kuq e të bardhë bashkë e me mbushë sahânin me voe sikur ka kênë tlyeni e mandej me i rrahë bashkë tlyen e sheqer e me i qitë kapak e jo tana menjiherë, por jo me i rrahë tepër kur t'i qiten voet se nuk del e verdhë pse revania duhet me dalë e verdhë. Me at sahân qi âsht matë tlyeni me mat edhe miellin e majën e sahânit me ja vû niseshtër. Kur t'i qitet mielli mos m'e përzie fort por sa të kenë mjaft, se nuk kullon. Ktê duhet me e pjekë në nji tepsî përpeqit qi të jenë 4 o 5 gisht e naltë, e mâ parë tepsinë m'e lye me tlyen e mandej m'e pjekë në furrë. Mbasi të jenë pjekë m'e pré copa copa, por copat me i pré të vogla, e jo hajmali. Shih: Koliqi, Ernest. *Gjellë e ambëlsina të vendit t'onë*, rev. *Shêjzat*, Romë 1972, nr.1-4, f.66

e thellë 4-5 gisht, si për përpeqin, të cilën e lyen më parë me tlyn. E fut tavën në furrë dhe kur të piqet e ndan revaninë në copa jo të mëdha.

☰ Revania e Nandajës

Peshon 9 kokrra vezë. Sa është pesha e vezëve aq peshon tlyn (rreth 500 gr.). Tlynin e hedh në një tas të madh dhe i shton sheqer në peshën e 11 kokrrave vezë (afërsisht 650 gr.). Rreh fort tlynin me sheqerin. Shton po aty, 11 të verdha vezësh dhe vazhdon rrahjen.

Në një enë tjetër, rreh 11 të bardhat e vezëve dhe i shton ngadalë te përzierja e mësipërme. E përzien vazhdimisht, por me kujdes që të ruhet ngjyra e verdhë e vezëve edhe pas pjekjes. Hedh miell në masën e 11 kokrrave vezë (650 gr.), duke vazhduar përzierjen e gjithë masës me kujdes.

Përgatitjen e hedh në një tavë të thellë, të lyer me tlyn. E vë në furrë të piqet me 180°. Kur të ftohet e pret në formë rombesh.

☰ Haxhimakulle[132]

Me këto masa dalin 8 copë haxhimakulle:
Merr 1 filxh. çaji tlyn (300-350gr.) të shkrirë më parë dhe e hedh në një tavë zinku. Shton aty 2 lugë gjelle sheqer. I përzien me pëllëmbën e dorës derisa të shkrihet sheqeri. Kjo zgjat rreth 30-40 minuta sa të bëhet si krem.

---

132   Kjo ëmbëlsirë ishte zakon të bëhej për pasí, (darka që shtrohej për njerëzit e dhëndrrit mbas martesës, kur nusja shkonte me kalu disa ditë te shtëpia e prindve), po ashtu përgatitej bashkë me bakllavën edhe për përgim, (dreka që shtrohej për lindjen e një fëmije).

Pastaj hedh 5 të verdha dhe 1 të bardhë veze, të rrahura mirë më parë. Dikur në vend të të bardhës së vezës është përdorë fi, (hi i shkrirë në ujë). Vazhdon përzierjen dhe shton 3 e ½ filxh. çaji miell, që të mos jetë brumi shumë i butë, sepse gjatë mbrumjes zbutet dhe më shumë.

Ndan brumin në copa dhe vazhdon e mbrun secilën me dorë e më pas i jep formë rrumbullake. Shtyp mesin me bulën e gishtit të madh, që të mos plasaritet gjatë pjekjes.

Ngroh më parë furrën në temp. 200° dhe i rreshton haxhimakullet në tavë. Gjatë pjekjes mund ta ulësh temp. deri në 180° dhe nga gjysma e pjekjes i vë letër furre sipër.

Sherbeti: 1 masë sheqer dhe më pak se një masë ujë. E zien dhe ia hedh pasi të jetë ftohë pak, jo i sapo vluar.

☰ Sheqerpare

5 të verdha veze dhe 5 filxhana sheqer rrahen shumë derisa të shkrihet sheqeri e të njëtrajtësohet. Më pas, hedh 5 filxhana me tlyn të shkrirë dhe vazhdon rrahjen. I shton një lugë kafeje sodë buke, të shkrirë më parë në uthull. Përzierja duhet të zgjasë rreth gjysëm ore. Pastaj hedh miellin me taminë, që të bëhet në trashësinë e brumit të gurabive. E ngjesh brumin mirë për njëfarë kohe.

Shtron brumin me kujdes në tepsi, duke e hapur me dorë dhe e ndan në kallepë si rombe. E pjek në furrë me 180°.

Shërbeti përgatitet me 1 kg. sheqer dhe 750 gr. ujë. Duhet të përvëlohet kur sheqerparja të jetë e ftohtë dhe shërbeti i vakët.

☰ Gurabi tlyni [133]

Në një enë hedh 600 gr. sheqer të imët dhe aty shton 1 kg. tlyn. I rreh mirë sa të bëhet një masë kremoze. Hedh me ngadalë 1 kg. miell dhe vazhdon përzierjen. Pasi bëhet një brumë i butë, e ndan në copa të mëdha dhe i jep formë rrethore. Vendos gurabitë në tavë dhe i pjek në temperaturë 150°.

☰ Kadaif me kajmak

Merr 1 kg. kadaif dhe e vë në një enë me tlyn, mbi prush. E përzien mirë që të marrë shije. Pastaj e ndan këtë sasi në dy tava, njëra prej të cilave duhet të jetë më e thellë, që të hidhet më vonë e gjithë masa e kadaifit. I vë dy tavat me kadaif të piqen në furrë. Pastaj i shërbetosë dhe i lë sa të thithin shërbetin.

Ndërkohë përgatit kajmakun. Në një tenxhere hedh 3-4 lugë gjelle miell orizi, 2 lugë sheqer, 1.5 litër qumësht dhe i përzien derisa të trashet pak. Këtë masë e hedh në një tepsi që e lag me ujë të ftohtë, në mënyrë që të mpikset kajmaku.

Sasinë e kajmakut e hedh mbi tavën e thellë ku u poq njëra pjesë e kadaifit dhe e shtrin mirë në të gjithë sipërfaqen. Sipër i hedh arra të grira dhe e mbulon me pjesën tjetër të kadaifit të pjekur e të shërbetosur. E ndan në kallepë, e shërbetosë prap dhe e mbulon me një tepsi.

---

133   Ditën e dasmës në familjet katolike dhe ortodokse, për njerëzit e shtëpisë së burrit dhe kumarët e martesës, nusja sillte dhuratat (bahçalleqet) ku bënin pjesë edhe gurabitë e tlynit. Gurabitë porositeshin disa ditë përpara, te një grua e specializuar për ëmbëlsirat e dasmave.

☰ **Ekmek – kadaifi**[134]

Copat e kësaj ëmbëlsire që tregtoheshin të gatëshme, futen në një tavë me ujë të ngrohtë. Tava vihet në prush zjarri e mbasi të jenë zbutur dhe fryrë, i hiqet uji. Përvëlohet me shërbet të nxehtë e sipër mund t'i hidhen disa lugë ajkë qumështi ose reçel, si dhe arra të shtypura.

☰ **Gjylaçi**[135]

Merren petët e gatëshme, rreth 30-40 copë, dhe secila petë njomet me qumësht dhe lihet të zbutet. Shtron petët në një tavë, si petët e byrekut. Secila nga këto petë lyhet me tlyn.

Mbasi shtron gjysmën e petëve, përgatitë mbushjen me arra të shtypura, si për bakllavën. Pastaj vazhdon sipër me petët e tjera deri në fund. Tavën e pjek në furrë dhe pas pjekjes e shërbetosë.

---

134   Po të përkthehet në shqip do të thotë bukë-kadaifi. Landa e kësaj ambëlsine speciale përgatitej ndër qytete të Lindjes dhe importohej prej tregtarëve të artikujve ushqimorë. Ekmek –kadaifet shiteshin me copë. Shih: Bushati, Hamdi, *Shkodra dhe motet*, vëll. I, Shkodër 1998, f. 318

135   Edhe kjo ëmbëlsirë ka origjinë persiane. Asht ndër ma të shijshmet ambëlsina orientale që përvëlohen me shërbet. Gjylaçi si landë kryesorë importohej nga Turqia. Formohet prej petëve të ngrime prej niseshtesë me formë të rrumbullaktë, të stivueme njena mbi tjetrën 30-40 copa, të lidhuna kryq me një kordele. Ishte një specialitet i pak familjeve myslimane sepse kushtonte dhe e përdornin me raste gostish, pasish ose në Ramazan, kurse ndër dasma nuk ishte zakon të qitej gjylaç. Shih: Bushati, Hamdi, *Shkodra dhe motet*, vëll.I, Shkodër 1998, f. 317

☰ **Tespixhe me qumësht**[136]

Për tavë të vogël duhet ¼ kg. tlyn të cilin e vë në një tenxhere që të shkrihet në zjarr. Shton pastaj gati ½ litri qumësht. I vë të ziejnë së bashku me pak kripë. Kur merr valë i shton edhe ½ kg miell gruri dhe dy grushta miell misri të situr hollë e të kavërdisur më parë në tlyn. I përzien mirë së bashku deri sa të bëhet një brum mesatarisht i butë.

E hedh brumin në një tavë dhe e mbrun për pak kohë me dorë. Pastaj e shtrin në këtë tavë duke e hapë në mënyrë të barabartë. Pret brumin në rombe dhe çdo pjesë e shpon me majën e pirunit. E vë tespixhen të piqet në furrë.

---

136   Tespixhja ishte nji amelcinë orientale shumë e shijëshme, e mbasi u piqte në furrë, u njomte me shërbet të trashë, por kushtonte shumë pse u pregatitte me tlyn. Shih: Rrota, Simon. *Po shkruej për vedi e Shkodrën*, Shb *Fishta*, Lezhë, 2018, f.63. Përgatitej për dasma dhe për festa të tjera si krishtlindje, pasí, etj.

Tespixhe me tâmbel. Për tepsî të vogël duhet nji çerek kiljet tlyen e kët tlyen mâ parë m'e vû m'e shkrî e mandej m'e matë me nji tas e me kët masë tlyenit edhe nji tas e gjysë tâmbel (qumshtë) e me i vû me vlue bashkë tlyenin me pak krypë e tâmblin, e mbasi të vlojnë me i hjekë prej zjermit e me i qitë gjysë kiljet miell grûnit të dytë e dý grushta të vogjël miell kollomoqit por mâ parë miellin e kollomoqit duhet m'e sitë me nji sitë të hollë e mandej m'e vû në zjerm e m'e kavërtisë pak e mandej m'e shprazë në tepsî e m'e njeshë njapak me dorë e mandej m'e shtrî në ket tepsî qi të jenë tanë barabar m'e pré me thikë, e m'e birue me pirú gjith copat e me e vû m'u pjekë në furrë. Mbasi të jenë pjekë me vû me zie sheqerin me új, por sheqerin m'e matë me at tas qi âsht matë tlyeni e me qitë nji tas sheqer e gjysë tasi új e me i vû me zie 10 o12 valë e me ja qitë sypri tespixhes por tespixhja duhet me kênë njatëherë e hjekun prej furret se ndryshe nuk e pi sherbetin. Shih: Koliqi, Ernest. *Gjellë e ambëlsina të vendit t'onë*, rev. *Shêjzat*, Romë 1972, nr.1-4, f.65

Në një tenxhere përgatit shërbetin: një masë sheqer (në masën e tlynit) dhe një gjysëm mase ujë. E lë të marrë disa valë në zjarr dhe ia hedh sipër tespixhes, që sapo ka dalë e ngrohtë nga furra, se ndryshe nuk e pi shërbetin.

≡ Tespixhe[137]

Në një tenxhere hedh 1litër ujë dhe 250 gr. tlyn. I vë në zjarr të ziejnë derisa të shkrihet mirë tlyni. Hedh aty 3 filxhana kafeje sheqer dhe vazhdon ta ziesh derisa tretet sheqeri. Shton një lugë kafe sodë buke të shkrirë me uthull. Më pas e heq masën nga zjarri dhe fillon i hedh miell pak nga pak me lugë, duke e ngjesh derisa bëhet si brumë gurabie.

E hap këtë masë të ngrohtë, në një tavë të vogël dhe kur të jetë ftohur, i hedh 5 të verdha veze (ose 3 të verdha dhe 2 të bardha veze), dhe i përzien mirë për disa kohë. Më pas lyen duart me tlyn dhe e ngjesh me duar për njëfarë kohe derisa e bën si top.

Në një tepsi të lyer më parë me tlyn, shtrin me

---

137   Një zonjë shkodrane, mbi të tetëdhjëtat më tregon, se herët, tespixhja është përgatitur me ujë, prandaj dhe ndoshta merr shpjegim fakti pse në titull të recetës së marrë nga revista "Shejzat", theksohet, "Tespixhe me tâmbel". Gjithashtu, në këtë recetë, mungojnë vezët. Pas një bisede në Shkodër, me një tjetër zonjë në moshë të thyer, që ka një pastiçeri me ëmbëlsira orientale, më tregon se receta me të cilën ajo përgatitë tespixhen e saj shumë të shijshme, është podgoriçane, pasi shkodranët e vjetër e kanë gatuar pa vezë ose vetëm me 1 kokërr. Mesa duket, me kalimin e kohës dhe shkëmbimin e recetave, në vend të ujit është shtuar qumështi dhe më pas edhe sasia e vezëve. Recetat që unë kam mbledhur gjatë kërkimeve të mia mbi tespixhen, rezulton se janë pak a shumë të njëjta, me pak ndryshime në sasinë e qumështit, tlynit e vezëve.

duar brumin, duke i dhënë formën e tepsisë. Por duhet pasur kujdes që shtresa e brumit të mos dalë e trashë. Pasi e shtron, e pret tespixhen në katër pjesë dhe pastaj secilën pjesë e shkruan (pret) me figura gjeometrike. Me majën e një piruni e shenjon secilën pjesë. Pastaj e pjek në furrë.

Shërbeti përgatitet me 1 kg. sheqer dhe ¾ litër ujë. Hidhet i nxehtë mbi tespixhen.

Receta me fruta

Hangre fikun, vesh leshnikun

Simon Rrota, në kujtimet e tij përshkruan se si: "nji pjesë e mirë e familjeve shkodrane, kishin në katundin Bardhaj, në afërsi të qytetit, buzë lumit Kir, parcela toke të mbjelluna me hardhi, me fiq llojesh të ndryshme, me ullinj e pemë të tjera frutore. Në periudhën që u shkonte ndër vneshta, kishte nji lëvizje të madhe njerzish, me shporta, kosha, kuaj e gomarë të ngarkuem me fiq. Porsa i qojshin ndër shpija, pjesën ma të madhe e shpërndajshin ndër miq e ilaká ndërsa pjesën tjetër e çajshin (ndanin në mes) për me i thá, për dimën".[138]

Po kështu edhe Hamdi Bushati na sjell dëshminë se: "Shkodranët kanë qenë "merakli pemësh" dhe kanë sjellë kurdoherë pemë frutore nga jashtë, si disa lloje fiku, që mbajnë emna të ndryshëm të vendeve nga janë sjellë: fik "venedik", fik "tivaras", etj. Mandej janë fiq shnjinës, të zez dhe të bardhë që piqen të parët, që në gjysë të qershorit, piqen dy herësh, fiqt "bujana', "melacakë" dhe "patlixhana" që vazhdojnë prodhimin gjatë verës e deri te fiqt "dimnakë" që vazhdojnë deri në fund të tetorit. Pjepni i zi, vadeni e dymleku, janë tri lloje bostani që ishin në kopshtet e rrethit të Shkodrës. Pjepni i zi ka qenë një bostan dimnor, shumë i ambël, mund t'u ruante për me u ngranë në stinën e ftohtë. Konservohej tue u këputë

---

138   Rrota, Simon. *Po shkruej për vedi e Shkodrën,* Shb "Fishta", Lezhë, 2018, f.76,

pa u pjekë, sepse piqej vetiu. Vadeni e dymleku janë edhe këto fruta dimnorë.

Një pjesë e konsiderueshme e qytetarëve shkodranë, që në shekujt e kaluem, e kanë pasë traditë me e mbajtë familjen në bazë të një ekonomie ndihmëse. Kryesore ishte me pasë një kopësht që t'u siguronte zarzavatet dhe frutat për konsum. Gjatë verës çdo familje përgatiste reçelin, pekmezin, hardiçin, vadenjtë, turshitë, pistilin, kumbullat e fiqtë e thatë, salcën (nerdenin), uthullën etj.[139]

☰ Hashaf

Për përgatitjen e hashafit, merr një sasi kumbullash të thata. I grin dhe i hedh në një tenxhere me ujë të cilën e vë në zjarr. I lë të ziejnë dhe në valën e fundit, shton pak sheqer. Në fund, kumbullat duhet të mbeten me lëng, si komposto.

☰ Pekmez (reçel manash)

Pasi lahen manat, i kullon dhe i vë në një tenxhere pa ujë, në zjarr të avashtë. I lë të ziejnë derisa bishti largohet nga mani. I kullon në një kullojcë dhe lëngun që mbetet në tas e kullon përsëri mbi një napë.

Këtë lëng e hedh në një enë me fund shumë të gjerë dhe e vë përsëri në zjarr të avashtë, duke e përzier gjatë gjithë kohës, deri sa bëhet një masë në trashësinë e reçelit.

Masën e përftuar e fut në kavanoza dhe e përdor si reçelin.

---

139   Bushati, Hamdi, *Shkodra dhe motet*, vëll.I, Shkodër 1998, f. 311, 316, 317

≡ **Pistil** [140]

Për përgatitjen e pistilit, merren kumbulla të buta e të pjekura mirë. I hedh në tenxhere të madhe, pa ujë dhe i vë në zjarr të avashtë. Përzihen shpesh, duke i lënë në zjarr afërsisht një orë. E dallon se kumbulla është zier, kur në një pjatë mund ta ndash pa vështirësi bërthamën. Përndryshe vazhdon zierjen. Kur është gati, e largon tenxheren nga zjarri dhe e lë të ftohet krejt.

Në një kullojcë hedh nga 2-3 garuzhde me masën që përgatite dhe i shrydh me dorë deri sa në kullojcë të ngelen bërthamat dhe mbeturinat e lëkurave. Poshtë kullojcës, vendos më parë një tas, ku do të bjerë masa e shtrydhur. Kështu vepron për të gjithë masën. Këtë masë e vendos përsëri në një tenxhere në zjarr të avashtë dhe e përzien shpesh, derisa masa të trashet si pure.

Masën e përftuar e hapë nëpër tepsi në mënyrë që trashësia e lëngut të jetë një gisht. I vë tepsitë në diell që pistili të thahet shumë. Edhe pasi e heq nga tepsia, prapë e lë në diell për pak kohë, duke pasur kujdes që të mos forcohet.

Pistilin e përgatitur, e palosë dhe e ruan në trasta prej pëlhure.

---

140   Pistili dhe kumbullat e thata janë përdorë në shumë gatime me mish dhe në tavën e krapit, pasi balancojnë aciditetin e uthullës dhe ulin efektin e yndyrës së tepërt që ka mishi me dhjamë.

Vapor afër molës e doganës
Foto K. Marubi, 1913

Mbi vreshtat dhe recetat e pijeve

Çka ka barku e nxjerr bardhaku[141]

Sipas Hamdi Bushatit[142], Shkodra ka 7-8 lloje rrushi; "Llazinë" i kuq e i bardhë, "Rrazagi", "Mushqet", i kuq e i bardhë, "Kazanxhi", "Ballote", "Çaush', "Rrojit", "Rrumbullak i bardhë", "Kadinparmak", "Çëlek", "Rrumbullak i zi", etj. Shkodra në rrethinat e saj, veçanërsisht në Zadrimë, Kosmaç, Bushat etj. ka pasë vreshta të famshme.

Kurse Simon Rrota në librin e tij kujton se, në fshatin Bardhej: "ndër vneshta, mbasi mbarojshin fiqt, fillonte të vjelunit e rrushit, qi mujtte me zgjatë ma se nji javë. Në këtë rasë, shkojshin miq e dashamirë me ndihmue e njikohësisht me kalue ditë të bukura në shoqni, me kangë e valle, si me kênë në dasma, tue hangër e tue pi kafe, raki e vênë. Kur rrushi mbaronte së vjeluni, u barte me kual e me qerre ndër shpija dhe depozitohej në mjedis të ahrit. I zoti i shpisë, hapte derën e oborrit për njerzit e vorfën të mahallës, për me hangër rrush sa të dojshin. Puntorët e zbrazshin rrushin ndër govixha[143] për me e shtrydhë me kambë, për me bâ vênën".[144]

---

141   Gotë e madhe pije.

142   Bushati, Hamdi, *Shkodra dhe motet*, vëll.I, Shkodër 1998, f. 321

143   Fuçi druri të mëdha, të gjëra e të larta.

144   Rrota, Simon. *Po shkruej për vedi e Shkodrën*, Shb *Fishta*, Lezhë, 2018, f. 77. Në fshatin Bardhej, dikur kishin vreshta një pjesë e familjeve katolike.

Vera ruhej ndër fuqi druri, të cilat qëndronin në vende të errëta e të freskëta të shtëpive shkodrane. Zakonisht prodhohej verë e kuqe. Vera pihej gjatë drekës apo darkës bashkë me ushqimin. Për t'u servirë në sofër, vera hidhej nëpër mashtrapa (broke dheu) ose shishe qelqi të mbështjella me kashtë.

Mushti, gjithashtu prodhohej për t'u konsumuar më së shumti nga gratë dhe shoqëronte ushqimin ose ëmbëlsirat.

Rakia prodhohej kryesisht nga rrushi dhe piqej nëpër oborret e shtëpive, në kazanë. Ato ditë, kur piqej rakia e re, mblidheshin rrotull kazanit miq dhe kalonin kohën me biseda e histori të vjetra, duke kthyer putira me raki nga e vjetshmja shoqëruar me meze. Prej këndej rrjedh edhe shprehja që përdoret në Shkodër "Muhabet si për natë kazanash". Rakia që piqej në Shkodër nuk bëhej më e fortë se 18° -19°. Vetëm një sasi e vogël, piqej në 22° dhe ruhej për t'u përdorë në raste sëmundjesh, prandaj quhej "raki dermani". Rakia ruhej ndër damixhana dhe shërbehej në shishe qelqi që vendoseshin në sofër së bashku me putirat dhe me mezet. Gjithashtu, u shërbehej burrave që vinin për vizitë në shtëpi, për raste të ndryshme gëzimesh apo vdekjesh.

☰ Vishnjak [145]

Merr 1 kg. vishnje, i lan dhe u heq bishtat. Hedh vishnjet në një kavanoz të madh dhe i mbulon me

---

145   Pije karakteristike e Shkodrës. Vishnja është një pemë frutore, shpesh e pranishme në kopshtet e Shkodrës. Piqet në qershor. Ka një ngjyrë më të errët se qershia dhe me shije të athët, për këtë arsye nuk ishte e preferuar për ngrënie dhe përdorej për përgatitjen e këtij likeri të quajtur vishnjak.

rreth ¾ kg. sheqer. Mbyll mirë kapakun dhe i lë për rreth 10 ditë derisa sheqeri të shkrihet e vishnjet të jenë rrudhosur dhe kanë lëshuar lëngun. Kullon lëngun dhe e përzien me rreth 1 l. raki. E ruan në shishe qelqi.

Një tjetër metodë e përgatitjes së kësaj pije, sipas mamës time, është: Vishnjet pasi i pastron nga bishtat i shpon me majën e pirunit. Pastaj i hedh në një enë qelqi dhe i mbulon me raki (ose konjak). Mbyllë mirë kavanozin me kapak dhe e lë në një vend të errët për rreth 1 muaj. Kullon vishnjet nga lëngu. Kokrrat i shtrydh mirë me dorë. Bën bashkë të dyja lëngjet dhe shton sheqer me tahmi, aq sa lëngu të ëmbëlsohet, por pa i heqë shijen e alkoolit. Duhet të përftohet një lëng pak i trashë. Vishnjakun e hedh nëpër shishe, të cilat më pas i ruan të mbyllura.

Vishnjet që mbeten pas kullimit, i pastron nga bërthamat dhe i përdor për ëmbëlsira.

Vishnjaku, servirej për të qerasur gratë që vinin për vizitë në raste të ndryshme dhe festa. Shoqërohej me biskota ose ëmbëlsira.

☰ Shurup me vishnje

Ndiqet e njëjta procedurë si për vishnjakun, derisa vishnjet lëshojnë lëngun, në kavanozin ku janë futur bashkë me sheqerin. Pastaj kullohen dhe lëngun e ruan në shishe. Kur do ta shërbesh, hedh një sasi nga ky lëng në fund të gotës dhe shton në gotë ujë, sipas dëshirës.

☰ Shurup trëndafili

Petalet e trëndafilave të kuq i lan dhe i hedh në një enë qelqi me ujë e limontoz. Mbyll enën dhe e lë për disa ditë sa të lëshojnë ngjyrën. Kur do ta servirësh, hedh në fund të gotës një sasi nga lëngu i trëndafilit dhe shton ujë e sheqer sipas dëshirës.

Një mënyrë tjetër është t'i përziesh me sheqer petalet e trëndafilave të kuq, duke i shtypur me dorë. Më pas i hedh në një tenxhere me ujë e limontoz dhe e vë në zjarr. E lë të marrë valë sa të lëshojnë ngjyrë. Pastaj e kullon dhe e ruan lëngun në një enë qelqi të mbyllur.

Shurupi i trëndafilave ishte një pije freskuese mjaft e përdorur në Shkodër, pasi oborret ishin plot me trëndafila e lule të tjera.

☰ Thanak (Shurup me thana)

Merr një sasi thanash dhe i vë të ziejnë në një tenxhere bashkë me sheqerin. Kur trashet lëngu, e heq nga zjarri dhe e kullon. Thanakun e ruan në një enë me kapak.

Kur e shërben, hedh një sasi lëngu në fund të gotës dhe shton ujë e sheqer sipas dëshirës.

☰ Hardiç

Kokrrat e dëllinjave i fut në një enë të thellë qelqi dhe i shton ujë në masën 1kg. dëllinja me 4 litër ujë. Mbyll enën me kapak dhe e lë për rreth 4 javë në një vend të thatë e të errët, që të lëshojnë lëngun. Sa herë që merr një gotë nga lëngu i dëllinjës, shton në enë, një gotë me ujë. Kjo masë dëllinjash përdoret derisa lëngu që merrni të mos e ketë humbur shijen e fillimit. Pastaj mund të përgatitësh një sasi tjetër.

Përdorej shpesh si digjestiv, mbasi ke ngrenë një sasi të madhe ushqimi.

Recetat e Hallave

Një burim i rëndësishëm frymëzimi për një kuzhinë të larmishme, mbushë me fantazi dhe që tentonte vazhdimisht të mbante gjallë ndikimet nga traditat europiane që gjendeshin në qytet, ishin hallat e mia. Ato, edhe për faktin se qenë rritur në një shtëpi, që për vite të tëra kishte shërbyer si konsullatë e Republikës Çekosllovake, (1919-1939), ishin kultivuar me të tjera kërkesa dhe shije.

Terezina, Margarita dhe Brigjilda, jetuan bashkë dhe u kujdesën gjer në fund të jetës për administrimin e çdo aspekti të jetës shtëpiake. Në kujtesën time ato mbeten model i të gatuarit me shije dhe i një servirje me sens të hollë estetik. Lulet e shumta që mbillnin në oborr, ishin në çdo stinë, pjesë e dekorimit të shtëpisë dhe tavolinës. Punimet e dorës që dilnin prej duarve të tyre, ishin plot finesë e fantazi. Mbulesat linoje të qëndisura me dorë dhe çdo detaj tjetër i vënë me shumë kujdes mbi tavolinë, e bënin atmosferën tej mase të ngrohtë dhe njëkohësisht me shumë klas. Kuzhina e vogël, por shumë e dashur, ku mblidheshim të gjithë, me tavolinën e bukës në mes, ishte gjithmonë e mbushur me aromat fantastike të gatimeve dhe me muzikën e radios në sfond.

E gjithë kjo atmosferë përkujdesje, për t'i dhënë jetës ngjyra me gjërat e vogla të së përditshmes, në ato vite kur jetohej nën terror e frikë, kanë bërë që unë të ndjehem një fëmijë i rrethuar me shumë dashuri e të ushqehem me sensin e së bukurës.

Po sjell më poshtë, disa prej recetave që ato gatuanin:

☰ **Brusketa me midhje ose me sardele të konservuara**

Merr midhje pa guaskë (në ato vite shiteshin të konservuara në kavonoza të vegjël). I kullon nga uji ku janë konservuar. Pastaj i heq me kujdes një pjesë të vogël, të zezë e pak të fortë që ndodhet në brendësi. I hedh në një tas dhe i shtyp me lugë druri që të shformësohen. Shton vaj ulliri, kripë, piper e pak limon dhe i rreh mirë sa të bëhet një masë kremoze.

Këtë përgatitje e shtron me thikë mbi fetën e bukës së prerë hollë. Sipër e zbukuron sipas dëshirës dhe stinës, me copa të vogla: speca të kuq gogozhare, karota të ziera, kastravecë turshi, ullinj, etj.

Serviren në pjatancë si antipastë.

Në mungesë të midhjeve, mund ta përgatitësh me sardele të konservuara, të cilat i heq nga uji apo vaji, i kullon dhe i shtyp me lugë druri. Pastaj i përzien mirë me gjalpë të zbutur, kripë, e piper.

☰ **Tortë e kripur**

Në fillim përgatit brumin si për palaçinka.

Për 4 -5 copë duhen: 2 vezë; 3 filxhana çaji qumësht, 2-3 lugë gjelle miell, pak tlyn, pak kripë. Rreh vezët, shton miellin e qumështin duke i përzier mirë, që të mos mbetet kokrrizë.

Në një tigan të cekët, hedh një majë luge tlyn dhe pasi shkrihet, hedh një gjysmë filxhan çaji me lëngun e përgatitur, duke e hapur mirë nëpër sipërfaqen e tiganit. Pasi bëhet njëra anë, e kthen me kujdes që të skuqet edhe nga ana tjetër. Pastaj e heq palaçinkën nga tigani dhe e mbështet në një pjatancë. Po kështu vazhdon për pjesën tjetër të masës.

Shtresat mes palaçinkave mund të mbushen me përgatitje të ndryshme, duke kombinuar shijet: kimë me mish; karota të ziera me majdanoz; spinaq të zier dhe të kavërdisur në vaj ulliri përzier me grimca djathi të bardhë; bizele të konservuara të kavërdisura në gjalpë e majdanoz.

Një variant tjetër mbushjeje përgatitet me: peshk ton të konservuar; speca të kuq (gogozhare); spinaq të zier dhe të rregulluar me vaj e limon.

Vendoset palaçinka e parë në një tavë të vogël rrethore. Pastaj vendos një shtresë me njërën nga mbushjet, sipër vë palaçinkën tjetër e kështu me radhë, duke kombinuar mbushjet që i përshtaten njëra-tjetrës. Vë sipër palaçinkën e fundit dhe e spërkatë me pak gjalpë e djathë kaçkavall të grirë. E fut këtë tortë për pak minuta në furrë.

Pasi e heq nga furra, e vendos me kujdes në një pjatancë ose pjatë të madhe dhe e ndan në copa trekëndëshe, si tortën. Shërbehet si antipastë.

☰ Byreçka me djathë

Për brumin duhen:100 gr gjalpë, 1 gotë kos, 1 vezë, miell aq sa brumi të bëhet i butë sa bula e veshit.

Rreh vezën dhe i shton gjalpin, kosin e miellin. Zë brumin dhe e hedh në një tas që e ke lyer në fund me pak vaj ulliri. E mbulon me kapak dhe e mbështjell me një pecetë për rreth 1 orë.

Mbushja: ¼ kg. djathë i bardhë, një tufë majdanoz.

Në një enë, thërrmon djathin dhe e përzien me majdanozin e grirë.

142

Merr pak nga brumi i ardhur dhe e hap në dorë duke i dhënë formë rrethore, sa shuplaka e dorës. Në njërën anë hedh için e përgatitur dhe palos sipër gjysmën tjetër. E shtyp me gisht anash që të mbyllet mirë byreku dhe i jep formën e harkuar të gjysmëhënës. Lyen siprinën e byreçkës me të verdhë veze e pak kripë dhe i rreshton në tavën e lyer me pak gjalpë. Piqen në furrë derisa të marrin një ngjyrë të artë dhe ngjajnë si biskota.

Shërbehen si antipastë apo meze për të shoqëruar birrën ose rakinë.

☰ Supë me "njoki"[146]

Për brumin duhet: 1 vezë, 2 lugë gjelle gjalpë, 1 filxhan kafeje me qumësht, miell, kripë, majdanoz.

Në një enë hedh gjalpin dhe e shtyp me lugë druri, për ta zbutur. Shton aty vezën e rrahur dhe pasi i përzien mirë bashkë, hedh qumësht, kripë dhe miell si për brumë petullash.

Në një tenxhere hedh lëngun e mishit dhe e vë në zjarr të marrë valë. Kur merr valë lëngu, hedh me lugë kafeje nga pak prej brumit të përgatitur. Hedh kështu të gjithë masën dhe kur topat në formë njokish të jenë ngjitur në sipërfaqe të lëngut, e heq tenxheren nga zjarri. Mund ti hedhësh sipër pak majdanoz të grirë dhe e servirë të ngrohtë.

☰ Speca me domate e sheqer

Për përgatitjen e kësaj garniture duhen: speca jeshilë, domate, kripë, piper, gjethe dafine, pak sheqer.

---

146   Quhet kështu sepse brumi i përgatitur, pasi hidhet në lëngun e valuar, merr formën e njokive.

Në një tigan me vaj, skuq specat. Pasi ftohen pak, i heq cipën dhe i ndan në copa të vogla. Në atë tigan ku mbeti vaji i specave, hedh domate të grira dhe i vë të shterrin në zjarr, pastaj shton specat, kripë, piper, një gjethe dafine dhe sheqer, aq sa të ëmbëlsohet. E lë në zjarr derisa të shterrë lëngu.

Shërbehet si garniturë, kryesisht për të shoqëruar peshkun e pjekur.

☰ Bizele të kavërdisura me gjalpë

Zien bizelet në ujë, ose i merr të konservuara dhe pasi i shpëlan, i kullon. Në një tigan shkrin gjalpë dhe më pas hedh bizelet që i kavërdisë për pak minuta. I rregullon me kripë e piper dhe në fund shton majdanoz të grirë imët.

Shërbehen si garniturë për të shoqëruar mishin.

☰ Tavë patatesh me qumësht

Për këtë tavë duhen: 1 kg. patate, gjalpë, djathë i bardhë, qumësht,
kripë e piper.

Lyen tavën me gjalpë dhe shtron patatet e prera në feta rrethore. Mbi to hedh djathë të bardhë të thërrmuar, copa gjalpi, kripë e piper. I mbulon patatet me qumësht dhe i pjek në furrë.

☰ Qofte patatesh të mbushura me sallam

Për përgatitjen e këtyre qofteve merr: 1 kg. patate, 3 vezë, pak miell, majdanoz, arrë moskat, kripë, piper, djathë të bardhë, sallam dhe galetë.

Zien patatet, i qëron dhe i shtyp, hedh piperin, kripën, djathin e grirë, arrën moskat, 2 vezë të rrahura,

majdanozin dhe miellin. Pasi përgatit brumin dhe
e ngjesh mirë, e hap me okllai në një trashësi 4-5
mm. Këtë brumë e pret me gotë në forma rrethore.
Mbi njërin rreth vë fetën e sallamit dhe e mbulon me
rrethin tjetër të brumit të patates. Bashkon mirë anët
dhe i lyen në miell, vezë e më pas në galetë. Skuqen
në tigan në zjarr mesatar.

☰ Qofte me spinaq

Për përgatitjen e qofteve duhen: 2 kg. spinaq, 2
vezë, djathë kaçkavall i grirë, miell, kripë, piper.

Lan dhe pret spinaqin, dhe e vë në një tenxhere
që të ziejë. Pastaj e kullon mirë dhe e përzien me
kripën, piperin, vezën e miellin, sa të bëhet një masë
që të rrëshqasë nga luga. Skuq qoftet në tiganin me
vaj dhe sa i heq, i zhyt në enën me djathë kaçkavall të
grirë, duke i kthyer nga të dyja anët. Pastaj i vendosë
në një pjatancë për t'i shërbyer.

☰ Qefull në banjomari

Merr një qefull të madh, të liqenit të Shkodrës.
E pastron dhe e lan mirë, pastaj e vë në tavë. Poshtë
saj, vë një tavë më të madhe me ujë të ngrohtë, pra
e vë në banjomari. Vë tavën në zjarr të avashtë, që
peshku të ziejë në avullin e vet dhe pastaj e heq me
kujdes dhe e lë të ftohet.

Fileton me kujdes peshkun, duke i heq kurrizin,
por pa ia prishë formën, dhe e rregullon me kripë
e piper. Mbështet peshkun në një pjatancë ku ke
shtruar gjethe sallate jeshile dhe e mbulon sipër
me majonezë të përgatitur në shtëpi, në mënyrë
artizanale. Anash majonezës e zbukuron pjatancën
me ullinj e feta të holla limoni.

☰ **Ngjalë e thatë me erëza e oriz**[147]

Merr një ngjalë të trashë dhe pasi ia zhvesh me kujdes lëkurën, e pastron nga të brendshmet dhe i heq kokën. Në një pjatë përzien kripë, piper, rrënjë karafili, kanellë e noçi moskat. I fut këto erëza brenda ngjalës dhe gjithashtu ia lyen me to edhe trupin nga jashtë.

Me kujdes, ia vesh përsëri ngjalës lëkurën dhe pasi e lë pak kohë të kullojë, e var te çengelat e trarëve që të thahet në tymin e vatrës.

Kur do ta gatuash, ia zhvesh lëkurën dhe pasi e pret në copa e vë të ziejë. E heq nga tenxherja dhe në atë lëng zien orizin. Pastaj orizin e zier e hedh në tavë dhe sipër vë copat e ngjalës. E fut tavën në furrë dhe e lë të piqet, derisa ngjala të marrë një ngjyrë të artë.

☰ **Role me mish të grirë**

Mbushja: vezë të ziera, karota të ziera.

Përgatit brumin si për qofte të zakonshme dhe pasi e mbrun, e shtron mbi një plastmas ose letër, duke e hapë në formë drejtkëndëshe. Sipër, në gjithë gjatësinë e brumit, rreshton vezë të ziera (të pa prera) dhe karota të prera për së gjati ose në rrathë. E mbështjell brumin role, duke e shtyrë me kujdes me plastmasin ku e ke mbështetur. E vë rolenë në tavë dhe sipër e lyen me vaj. Gjatë pjekjes, i shton herë pas here verë të kuqe.

---

147   Këtë recetë, mbaj mend që hallat e gatuanin gjithmonë, për ta servirë natën e Krishtlindjes.

146

☰ Zavajon[148]

Për përgatitjen e këtij kremi duhet të peshohen më parë vezët dhe në atë masë të hidhet sheqeri dhe vera e bardhë.

Në një tenxhere përzien vezët me sheqerin dhe i rreh derisa sheqeri të jetë shkrirë krejt. Shton verën pjesë -pjesë dhe vazhdon përzierjen.

Ndërkohë, merr një tenxhere më të gjerë dhe e mbush nja dy gisht me ujë. E vë në zjarr që të vlojë uji dhe pastaj e ul intensitetin e zjarrit. Kjo tenxhere do shërbejë si banjomari për përgatitjen e kremit. Zhyt në të tenxheren ku kemi kremin dhe e përziejmë me kujdes në zjarr të avashtë, derisa kremi të fillojë të trashet pak. Kremin e përgatitur e hedh në tasa për t'u ftohur ose e derdh mbi kekun e prerë në feta dhe e shërben.

☰ Petulla me sheqer

Përbërësit: 2 vezë, 8 lugë gjelle sheqer, 3-4 lugë gjelle gjalpë, 2 filxh. çaji qumësht, miell sa të bëhet një brumë i trashë, 1 filxh. kafeje maja birre.

Përgatitja: Shkrin në një tas majanë e birrës me pak qumësht të vakët dhe e përzien me miell si për brumë petullash. Brumin e pudros sipër me miell dhe e mbulon enën me një kapak. E lë të vijë brumi për disa kohë. Ndërkaq, rreh në një tas vezët me sheqerin

---

148   Zavajon ose zabajone, zabaglione është një krem me origjinë nga Piemonte, Italia e Veriut e ndeshur që në 1845. Zavajoni shërbehet i ngrohtë ose i ftohtë, si ëmbëlsirë e lehtë pas peshkut më së shumti, por mund t'i hidhet sipër frutave ose kekut. Ne në shtëpi e kemi përdorë për të lagur kekun duke e derdhur të ngrohtë sipër fetave të prera.

dhe me gjalpin e shkrirë. I shton qumështin dhe në fund brumin me majanë e birrës që përgatite më parë. Shton miell sa të bëhet pak më i butë se brumi i biskotave. E vë masën e përgatitur në një tenxhere dhe e mbulon me kapak. E lë në një vend të ngrohtë derisa të ketë ardhur brumi.

Merr pastaj një copë nga ky brumë dhe e shtron në tavolinë duke e hapur me okllai. Me një gotë uji e pret brumin në rrathë dhe mesin e rrethit e pret me një putir, në mënyrë që petulla të marrë formën e një unaze. Kështu vazhdon për të gjithë masën e brumit që ke përgatitur.

Petullat dhe kokrrat e brumit të mbetura nga prerjet e vogla në mes të unazave, i skuq në një tenxhere të thellë me shumë vaj. Kur i heq nga zjarri, i pudros me sheqer të imët të përzier me pak lëkurë limoni.

☰ Biskota me arra të bluara

Brumi: 300 gr. ose 15 lugë gjelle sheqer, 200 gr. gjalpë, 5 vezë, 500 gr. miell, 200 gr. reçel pjeshke të grirë imët.

Syprina: 3 vezë, 250 gr. ose 10 lugë gjelle sheqer , 250 gr. arra të bluara.

Përgatitja:

Në një enë të thellë hedh gjalpin dhe e zbutë me lugë druri. Më pas e përzien me sheqerin. Shton 4 të verdha veze dhe 1 vezë të plotë. Përzien mirë brumin për rreth 30 minuta me lugën e drurit. (Në atë kohë çdo gjë bëhej manualisht).

Më pas shton miell duke e punuar lehtë me dorë. E hap brumin në tavë dhe i shtron sipër reçelin.

Në një enë tjetër rreh vezët me sheqerin dhe më

pas shton aty arrat e bluara. Përzihet lehtë dhe e gjithë masa shtrohet mbi sipërfaqen e reçelit në tavë. Futet në furrë fillimisht me temperaturë të lartë rreth 250° e më pas e ul temperaturën deri në 180°. E heq nga furra, kur siprina merr një ngjyrë në kafe të lehtë si ajo e amaretave dhe pjesa poshtë e brumit është pjekur. Pasi ftohet e pret me një thikë të hollë, në forma të vogla drejtkëndëshe. Këto biskota shërbehen të shoqëruara me kakao, liker ose pije të tjera.

☰ Role me arra

Brumi: ½ kg miell, 200 gr. yndyrë, 3 vezë + 1 të verdhë veze për siprinën, 7 lugë sheqer, 1 lugë kafeje sodë, pak vanilje, 4 lugë ujë.

Mbushja: 3 lugë sheqer, 1 të bardhë veze, 1 putir pije (ponç portokall, ose liker tjetër), galetë, 200 gr.arra të grira, lëkura e 1 kokrre limoni.

I përzien të gjitha bashkë dhe i shtron në mes të brumit.

Përgatitja: Rreh vezët me sheqerin dhe i shton yndyrën, pastaj hedh edhe një pjesë të miellit. E përzien mirë dhe e hedh brumin mbi banak duke i shtuar ujin dhe pjesën tjetër të miellit, sodën dhe vaniljen. E mbrun sa të bëhet si brumë biskotash. E hap në formë drejtkëndëshi duke e shtruar mbi një plasmas ose letër. Shtron në mes mbushjen që ke përgatitur dhe e mbledh në formë roleje. Lyen tavën me pak yndyrë e miell, vë rolenë, të cilën e lyen sipër me të verdhën e vezës dhe e pudros me sheqer pluhur. E pjek në furrë për 30-35 min. Pasi ftohet, e pret në feta rreth 1 cm.

≡ **Përpeq me gështenja**[149]

Përbërësit: 3 kg gështenja, ½ kg thelpinj arra, 4 lugë gjelle gjalpë, 8 lugë gjelle sheqer, disa peta si për byrekun.

Gështenjat i ndan në mes dhe i vizatë me thikë nga pjesa e barkut. I pjek në prush. Kur të qahet dhe të hapet pjesa e vizuar, atëherë i heq nga zjarri. Pastaj u heq lëvozhgën dhe i pastron edhe nga pjesët e zeza apo të prishura. Gështenjat e pjekura më pas i vë në një tenxhere plot me ujë që të ziejnë. Më pas i lë të ftohen dhe i bluan në makinë mishi që të bëhen si brumë.

Merr 4-5 peta dhe i pjek në tavën e lyer me gjalpë. Pasi i heq dhe i lë të ftohen, vë në tavë të piqen 3 petë të tjera që do shtrohen në mes.

Ndërkohë përgatit için: Shtyp arrat, i përzien me sheqerin dhe i hedh në një tigan me gjalpë. Pasi skuqen pak, shton sipër brumin e gështenjave, duke vazhduar përzierjen në zjarr. Pasi i heq nga zjarri dhe i lë të ftohen, e ndan masën përgjysmë.

Shtron në tavë petët që u poqën të parat dhe mbi to hedh gjysmën e içit. E përhapë için me dorë derisa të mbulohet gjithë sipërfaqja mbi petë. Për ta hapë më kollaj için, më parë lyen dorën me gjalpë. Vë sipër içit 3 petët e tjera të pjekura dhe mbi to shtron pjesën

---

149   Ëmbëlsirë karakteristike që përgatitej në shtëpinë tonë, për Krishtlindje. Procesi dhe koha e përgatitjes ishte shumë i gjatë dhe kërkonte të angazhoheshin disa vetë. Ishte punë mjaft e mundimshme sepse gjithçka bëhej manualisht, pa mjetet e sotme elektrike që përdoren në kuzhinë. Por gjithë ky angazhim e punë e përbashkët krijonin një atmosferë feste në ajër, qysh kur fillonte ky proces. Edhe pse kjo ëmbëlsirë përvëlohet me sherbet, është shumë e lehtë dhe jashtë mase e shijshme.

tjetër të içit. Lyen syprinën me tlyn, dhe e fut në furrë
në temperaturë 200-220°. Kur perpeqi të ketë vënë
sipër një kore në ngjyrë bezhë, e heq nga furra. E lë
të ftohet e më pas e pret në rombe.

Për sherbetin duhet: 1 e ½ litër ujë, 1 e ¼ kg
sheqer, copa mollësh në feta të holla. Përvëlon
ëmbëlsirën duke ia hedhur sherbetin pjesë –pjesë
dhe e mbulon sipër me kapak.

≡ Tortë

(Për rreth 20 racione)

Për përgatitjen e brumit të kekut duhen: 8 vezë,
32-34 lugë gjelle miell, 20 lugë gjelle sheqer, 180 -
200 gr. gjalpë, 2 lugë gjelle kakao, ½ litër qumësht, 1
tas çaji arra të grira, 2 lugë kafeje sodë buke, vanilje
ose lëkurë limoni të renduar.

Në një tas rreh gjalpin me sheqerin dhe më pas i
hedh të verdhat një nga një duke vazhduar rrahjen.
Shton aty kakaon që e përzien më parë me 3 lugë
sheqer dhe pak qumësht, që të shkrihet pa krijuar
kokrriza. Pastaj shton sasinë e qumështit, miellin,
sodën, erëzat dhe arrat dhe i përzien mirë. Ndërkohë
rreh në një enë më vete të bardhat e vezëve, të cilat i
shton ngadalë te brumi, duke i përzier me kujdes. E
hedh brumin në një tavë të lyer me yndyrë e miell dhe
e pjek në temperaturë mesatare.

Kur ftohet keku, e pret horizontalisht në dy ose
tre shtresa dhe i lag të gjitha shtresat me rreth 200
gr. pije (liker). Nëse kekun e përgatitur e ndan në
tre shtresa, atëherë në shtresën e poshtme shtron
reçel. Mbi shtresën tjetër të kekut shtron kremin e
përgatitur. Mbi të vë pjesën e sipërme të kekut mbi

të cilën derdh një shtresë çokollatë të shkrirë ose përhapë krem gjalpi të bardhë, sipas dëshirës. Po qe se kekun e ndan vetëm në dy pjesë atëherë në mes shtron kremin dhe nuk përdor reçel.

Kremi: 2 të verdha veze, 8 lugë gjelle sheqer, 6 lugë gjelle miell, ½ litri qumësht, vanilje, lëkurë limoni.

Rreh të verdhat e vezës me sheqerin, shton miellin, vaniljen dhe lëkurën e limonit. I përzien mirë të gjitha bashkë dhe ndërkohë ngroh qumështin në zjarr. Shton aty përgatitjen e mësipërme dhe vazhdon përzierjen me lugë druri, derisa kremi fillon e trashet.

Syprina e tortës mund të bëhet dy llojesh: me krem gjalpi ose me çokollatë.

Përgatitja e kremit me gjalpë: 200 gr. gjalpë i rreh mirë me 2 lugë gj. sheqer pluhur dhe një të bardhë veze, derisa bëhet një masë homogjene e bardhë. E shtron mbi tortë dhe në anësoret e saj. Sipër hedh arra të grira imët që i ngjeshë edhe anash tortës. Gjithashtu e zbukuron me copa të vogla çokollate ose kokrra vishnjesh.

Nëse syprinën e tortës e zbukuron me çokollatë të shkrirë duhet: 5 lugë gjelle sheqer, 6 lugë gjelle qumësht, 4 lugë gjelle kakao. Vë në zjarr një tenxhere me 2 lugë kafeje gjalpë dhe hedh masën që ke përzier. E lë sa të mpikset dhe të bëhet një masë që ngrin sapo e derdh mbi siprinën e tortës, duke e hapur me shpejtësi.

Sipër tortës hedh arra të grira ose e zbukuron me krem gjalpi (por me gjysmën e dozës që përshkrova më lart), duke e hedhë kremin në një formë si hinkë. Me këtë krem, shkruan mbi tortë urimin që do ose vizaton figura të ndryshme.

Për përgatitjen e kësaj pije duhet: 1 l. qumësht, 0.25 l. alkool, 400 gr. sheqer, 8 të verdha vezësh, pak vanilje.

Vë qumështin në zjarr dhe e zien për 10 min. Shton vaniljen dhe e heq nga zjarri. Pastaj e lë të ftohet. Në një enë hedh të verdhat e vezëve dhe shton aty sheqerin. I rreh bashkë për rreth gjysmë ore, me lugë druri. Shton verën, alkoolin dhe qumështin duke vazhduar me ngadalë përzierjen e gjithë masës. E kullojmë masën me një napë dhe e ruajmë në shishe qelqi.

Duhet të mbahet në temperaturë të ftohtë, meqë ka në përbërje shumë vezë.

---

150   Vovi ishte një pije alkoolike që përgatitej në shtëpi dhe njëlloj si vishnjaku, u servirej grave kur vinin për vizitë në raste festash apo gëzimesh të tjera familjare. Më tepër servirej në verë meqë mbahej në vende të freskëta dhe pihej i ftohtë, shoqëruar me biskota apo ëmbëlsirë.

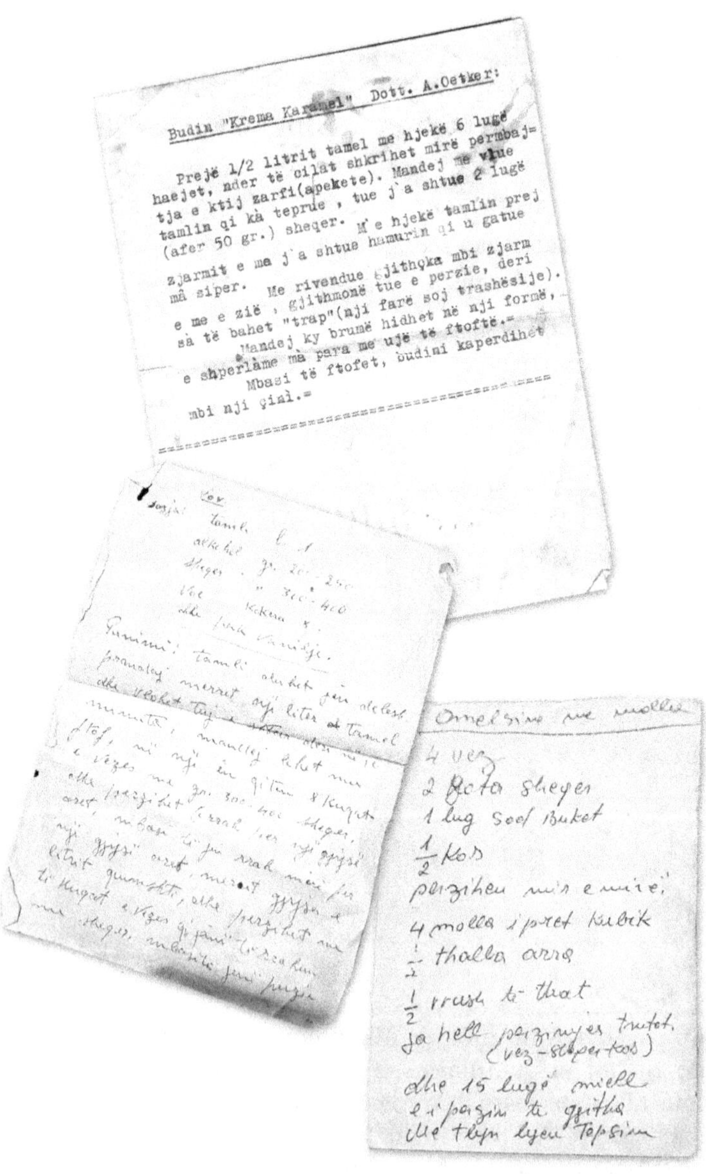

Tabela e lëndës

CIP Katalogimi në botim BK Tiranë

Çapaliku, Elektra
Bukë e krypë e zemër : receta gatimi dhe shënime
të tjera nga Shkodra / Elektra Çapaliku (Haxhia) ;
red. Mirgjina Lekaj.
– Lezhë : Fishta, 2020
156 f. : me foto ; 21 cm.
ISBN 978-9928-329-10-3

1.Gatimi   2.Kuzhina   3.Historia
4.Shkodër   5.Shqipëri

641.55(496.514) (083.12)

www.ingramcontent.com/pod-product-compliance
Lightning Source LLC
Chambersburg PA
CBHW050524160726
48003CB00001B/451